Sommaire

Les plus belles orchidées

Cultiv les orchidées

SPÉCIAL

SPÉCIAL

Les Orchidées : une multitude de couleurs

Laissez vous séduire par le monde fascinant des orchidées. Pendant des années, bien des vérités ont été écrites mais aussi malheureusement beaucoup de fausses informations. Elles sont exotiques, magnifiques, mais passent pour être difficiles... Elles constituent pourtant une famille de plantes des plus robustes. Leur culture, bien conduite, reste simple.
Avec quelques connaissances de base, chacun pourra choisir la plante qui lui convient. Quelle orchidée pour quelle fenêtre ? À quelle fréquence arroser ? Comment fertiliser ? Quand doit-on rempoter ? Ce sont les questions auxquelles ce livre répond. Plus rien ne vous empêchera de cultiver ces exotiques à la maison. Vous pourrez alors vous émerveiller devant ces fleurs dont la durée de vie varie de quelques minutes à plusieurs mois.
La passion des fleurs embellit la vie. Une collection d'orchidées en fleur sur une fenêtre enorgueillit et sera admirée autant de l'occupant du salon que du passant.

On associe les orchidées à des fleurs de formes et de couleurs originales. Ces splendeurs tropicales se laissent facilement cultiver au salon. Elles nous récompensent avec leurs fleurs variées toute l'année. Qui n'a jamais rêvé de vivre dans une atmosphère tropicale toute l'année ?

L'exotisme à la maison ou dans la véranda ? Tout devient possible avec les formes et les couleurs des orchidées.

Orchidées : les bases

L'orchidée, fleur incomparable

On connaît aujourd'hui environ 30 000 espèces d'orchidées dans la nature et à peu près 150 000 hybrides enregistrés ; et chaque jour s'en ajoutent de nouveaux. Cette diversité est unique dans le règne végétal. C'est au XVIIIe siècle, alors que de nombreuses expéditions partent vers l'Asie du Sud-est et l'Amérique du sud, qu'est né chez des passionnés de plantes l'intérêt pour la collection, la culture et la reproduction des orchidées. Bien que les orchidées aient été utilisées à l'origine comme matériaux d'emballage (voir page 14), une « survivante » en fleur suffit à déclencher un engouement qui ne s'est jamais démenti jusqu'à aujourd'hui.

Les fleurs d'orchidées

Les orchidées sont présentes dans le monde entier, dans des zones climatiques variées et présentent une végétation et des croissances différentes. Néanmoins, elles ont en commun la structure de leurs fleurs : deux cercles concentriques de trois éléments. Les trois « pétales » à l'arrière sont en réalité les sépales.
Le cercle avant comprend quant à lui deux pétales sur le côté et le labelle au milieu (pétale ventral).
Au centre de la fleur se trouve la « colonne » qui abrite les organes reproducteurs mâle et femelle. Les fleurs d'orchidées sont hermaphrodites. La fleur a pour rôle d'attirer un insecte ou tout autre pollinisateur. Le labelle sert d'aire d'atterrissage à l'insecte. La forme du labelle l'oblige alors à grimper le long de la colonne, où le pollen se colle sur son dos. En visitant la fleur suivante, il suivra le même chemin. Mais là, l'insecte frottera le pollen au stigmate avant que du nouveau pollen ne se colle à son tour.

Brassolaeliocattleya- hybride : beauté en mauve

Type de croissance

On peut distinguer facilement les besoins des orchidées à leurs deux types de croissance :
Monopodiale (qui pousse le long d'une tige) ou sympodiale (qui produit de nouvelles pousses).
La croissance des orchidées monopodiales s'effectue par le haut de la tige tandis que les feuilles les plus anciennes tombent. Les nouvelles racines apparaissent aussi vers le haut de la plante. Ces plantes n'ont pas de cycle de croissance bien défini, elles grandissent et fleurissent toute l'année. Une période de dormance n'est pas nécessaire pour la floraison. L'induction florale peut néanmoins être stimulée par la température (baisse légère) ou par la lumière (plus grande quantité). Les représentants en sont *Aerangis, Angraecum, Vanda, Renanthera, Phalaenopsis, Doritis* et leurs hybrides. Ces plantes devront rester toute l'année à leur place près des fenêtres. Elles seront arrosées et fertilisées régulièrement.
Les orchidées sympodiales produisent toujours une ou plusieurs pousses. Ces pousses doivent grandir et arriver à maturité avant de pouvoir fleurir. Selon l'espèce ou la variété (hybride), une période de dormance sera nécessaire pour la floraison. Cela peut être une période de fraîcheur ou de sécheresse. Après la floraison apparaît une nouvelle pousse. Quand les racines se sont développées, la plante peut de nouveau être fertilisée. À la fin de la croissance on arrêtera l'apport d'engrais. Les représentants de ce groupe sont : les Sabots de Venus *(Paphiopedilum), Dendrobium, Cattleya, Oncidium, Miltonia, Odontoglossum, Masdevallia* et leurs hybrides.

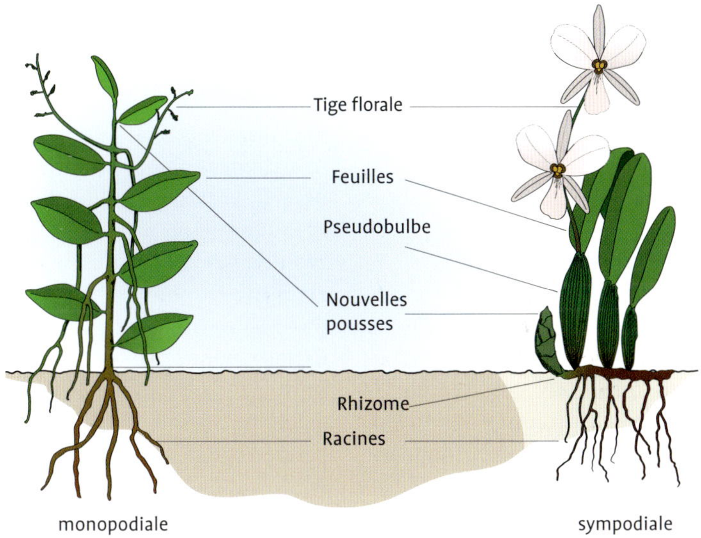

Structure d'une orchidée monopodiale et d'une orchidée sympodiale.

L'emplacement est défini par le type de croissance.

- **Les orchidées monopodiales** doivent toujours rester près de la fenêtre
- **Les orchidées sympodiales** peuvent venir décorer une pièce, pendant la floraison. Cela peut quelquefois raccourcir la floraison. Quand les nouvelles pousses apparaissent, elles doivent regagner au plus vite la proximité des fenêtres.

Reproduire les orchidées

Les fleurs imposantes des orchidées doivent attirer les pollinisateurs. Dans nos contrées, ce sont des insectes, sous d'autres cieux également des oiseaux ou des chauves souris. Elles utilisent plusieurs techniques : la couleur et le nombre des fleurs ne sont pas seules mises en jeu, mais aussi le parfum et le « déguisement » (mimétisme), c'est-à-dire l'imitation d'insectes par les pétales. La nature s'est souciée que les variétés restent pures. Les orchidées ne développent leurs fleurs (et la maturité du pollen) qu'au moment optimal où le pollinisateur idéal est présent.

Protection des espèces

Les formes botaniques et les hybrides d'orchidées sont protégés. Dans l'Union Européenne, ils peuvent être achetés et circuler librement.

Pour le franchissement des frontières en Europe hors CE, un certificat phytosanitaire, et une attestation de reproduction artificielle sont au minimum nécessaires. Très souvent, un certificat conforme aux définitions de la Convention de Washington (CITES) est obligatoire.

Rapporter des plantes de vacances doit être fait avec prudence. De petites quantités, d'une à deux plantes achetées en jardinerie sont tolérées par les douanes, mais il subsiste un risque de saisie.

Pour un achat officiel de plusieurs orchidées, un certificat CITES, et un certificat phytosanitaire du pays d'origine sont obligatoires, ainsi qu'une autorisation d'importation des autorités agricoles.

Pollinisation & Fécondation

Pour féconder une fleur, il faut transporter le pollen sur le stigmate. Les orchidées simplifient la vie de l'hybrideur. En effet le pollen se présente sous forme de paquet compact et le stigmate est bien développé. L'hybrideur utilise une petite tige de bois pour polliniser. La fécondation réussie, la capsule de graines a besoin de 6 à 9 mois jusqu'à maturité.
La fine tige se transforme en une capsule gonflée qui peut contenir de très nombreuses graines. Les orchidées n'ont pas leurs pareilles pour se laisser hybrider, ce qui a permis la création d'une infinie diversité de formes, de motifs et de couleurs.
L'hybridation des orchidées est presque un travail inépuisable pour les amateurs et les professionnels. Par une sélection rigoureuse, des hybrides pouvant fleurir plusieurs mois à la maison ont été créés.

Méthode de multiplication

Le milieu du XVIIIe siècle marque le début de la culture des orchidées. Le premier hybride connu reçut le nom de « Calanthe domingyi ». Malgré le grand nombre de graines, il ne germait alors que peu de plantules et le plus souvent uniquement sur la branche où la plante mère avait été collectée.
Il a fallu quelques dizaines d'années, avant que l'on comprenne que les graines d'orchidées ne germaient pas seules, dans la nature, mais avaient besoin d'un champignon spécifique. Cette dépendance à un pollinisateur et au champignon conduit à une présence limitée dans la nature. Chez les horticulteurs, la germination à l'aide du champignon symbiotique est difficile à mettre en œuvre, on utilise alors des méthodes de laboratoire (culture in vitro). Les graines sont semées sur un milieu nourricier stérile. Après un à six mois, les graines germent et avec de la chance elles sont quelques milliers. Les plantules sont repiquées sur un milieu adapté, toujours en laboratoire. L'opération est répétée plusieurs fois jusqu'à ce que la plante, après deux à quatre ans, puisse être plantée.

Culture in vitro : méthode professionnelle de multiplication par semis en conditions stériles sur gel nutritif.

Le semis

› **Il est relativement facile** de féconder une fleur. On doit néanmoins confier le semis à un laboratoire professionnel pour de bons résultats. Réaliser son propre semis ne vaut la peine que si l'on connaît les qualités propres des deux parents.

Les jeunes plantes ont besoin d'encore deux à cinq années jusqu'à leurs premières floraisons.
Depuis la fin du XXe siècle, on a développé une autre méthode de reproduction en horticulture. La multiplication végétative à partir de tissu de cellule (méristème) qui permet la multiplication rapide en grandes quantités de plantes vigoureuses, à longue floraison, résistantes, colorées. Avec cette méthode de reproduction, l'amateur n'a certes pas une plante unique avec de nouvelles qualités, mais une plante de qualité reconnue. Les plantes ainsi produites sont meilleur marché.

Où acheter les orchidées ?

Aujourd'hui, les orchidées peuvent s'acheter presque partout, du supermarché à la jardinerie spécialisée. Pourtant, on observe des différences, non seulement de prix, mais aussi de qualité. Les orchidées ont besoin de cinq années de soin, au minimum, jusqu'à la floraison quand elles sont produites de façon optimale. Ces conditions sont difficilement reproductibles à la maison. Une orchidée réellement adaptée à l'intérieur a besoin de six à sept ans avant d'être mise en vente. Elle est nettement plus chère mais aussi bien plus résistante qu'une orchidée qui n'a pas eu de phase d'adaptation et qui arrive directement du producteur au consommateur. Une « orchidée d'intérieur » un peu plus chère fleurit mieux et vit plus longtemps.

Comment je reconnais une offre d'orchidées de qualité ?

Un bon magasin propose les orchidées libérées de leurs emballages plastiques et présentées par types, pour éviter les erreurs de cultures. L'un des problèmes le plus fréquemment rencontré est l'asphyxie des racines.

Les plantes doivent être protégées du soleil direct mais dans le même temps recevoir assez de lumière nécessaire à l'épanouissement des boutons floraux.

Il doit y avoir des tableaux avec des conseils, pour faciliter le choix. C'est la seule solution permettant de trouver la plante adaptée aux conditions de culture dont on dispose.

Le personnel doit pouvoir répondre aux questions de base sur les soins. Les fleurs ne doivent pas être mouillées.

Les orchidées en supermarchés

Il est rare d'en trouver de bonne qualité. Les plantes sont emballées dans plusieurs couches de plastique et présentent de nombreuses chutes de boutons floraux. Le personnel non spécialisé ne peut pas répondre aux questions sur l'arrosage ou l'emplacement idéal. Les informations figurant sur les étiquettes sont malheureusement souvent incomplètes voire fausses. C'est seulement en comparant le prix d'une orchidée bon marché à celui d'un bouquet de fleurs qu'on obtient un bon rapport qualité prix.

Les orchidées en jardineries et chez les fleuristes

En général, le choix est meilleur qu'en grandes surfaces. Bien que de nombreux magasins misent sur le choix et la qualité, il y a malheureusement des moutons noirs. Il n'y a pas besoin de beaucoup de

Large choix chez un producteur.

connaissances pour faire la différence. Si l'on prête attention à l'apparence des feuilles, à la présence de nombreux boutons floraux, sans jaunissement, et à une bonne présentation, on est sur la bonne voie. Les jardineries dont le personnel a des connaissances sur les orchidées présentent les plantes de telle façon qu'elles n'aient pas les pieds dans l'eau et qu'elles soient protégées des courants d'air. Des panneaux d'informations sont là pour que le client réussisse la culture de son orchidée, à la maison.

Chez les producteurs d'orchidées

Nulle part ailleurs vous ne serez aussi bien conseillé que chez un horticulteur qui produit lui-même les plantes et qui dispose ainsi de longues années d'expérience. Il n'y a que là que l'on peut trouver les conseils et les « petits trucs » sur les rythmes d'arrosage, la fertilisation, les périodes de dormance à respecter. Par expérience, le choix est aussi bien plus grand du fait que beaucoup de producteurs sont aussi obtenteurs. On y trouve de nouvelles espèces et de nouveaux hybrides. C'est là que doit se rendre celui qui voit dans les orchidées plus qu'une fleur qu'on jette après la floraison.

Achetez des plantes de qualité

Le plaisir de la culture des orchidées vient avec le succès. Des plantes en pleine santé et de bons conseils sont nécessaires. Une orchidée qui pousse et fleurit plusieurs années procure non seulement plus de plaisir mais revient aussi moins cher.

Où cultiver les orchidées ?

Quant au XVIIe siècle, les grands pays commerçants comme l'Angleterre, la Hollande, l'Espagne ou la France, envoient leurs bateaux vers les pays lointains, un des buts les plus importants est la recherche de plantes ayant une valeur commerciale.

Ces plantes devaient être emballées avec soin pour résister à plusieurs mois de voyage maritime.

Des plantes, appelées « parasitos », qui poussaient en grand nombre sur des branches d'arbres s'imposèrent pour l'empaquetage.

Depuis toujours, le bruit court que les orchidées seraient des « parasites ».

C'est faux. Les orchidées sont des plantes « épiphytes » qui pour atteindre la lumière poussent sur des plantes « hôtes ». À l'inverse des parasites, elles ne leur puisent ni eau ni sève.

Stratégie : l'adaptation

Les orchidées n'ont pas de défense naturelle comme d'autres plantes, les cactus par exemple. Leur stratégie de survie tient dans le choix inhabituel de leurs habitats. Elles poussent sur des falaises ou des arbres dans des régions où elles ne peuvent pas être dévorées.

Grâce à leur énorme capacité d'adaptation, elles sont présentes non seulement sur tous les continents mais aussi jusqu'à des altitudes de 2 500 m. Contrairement aux idées reçues, elles sont présentes non seulement en zones chaudes et humides, mais aussi dans des régions sèches, torrides ou froides.

Dans beaucoup de régions subtropicales règnent, après la saison des pluies, de longs mois sans précipitation pendant lesquels les orchidées se développent et fleurissent avec éclat.

Les plantes se sont adaptées à ces caprices de la nature grâce à leurs feuilles et leurs racines.

Elles ont développé des feuilles réservoirs (succulentes) ou d'autres organes (pseudo-bulbe). Les racines aériennes charnues sont également uniques dans le monde végétal. La racine est habillée d'un tissu de stockage. Il capte la condensation, la rosée du matin et du soir, et en altitude les brouillards et les nuages. Les orchidées qui poussent en plein soleil possèdent de petites feuilles dures, tandis que celles poussant à l'ombre produisent des feuilles nettement plus souples et plus nombreuses. Les températures fraîches induisent le développement des racines fines. La production des fleurs dépend aussi grandement des conditions de l'environnement. Les orchidées en climat régulier fleurissent influencées par

Emplacement et orchidée

› **Avant d'acheter** une orchidée, on doit réfléchir sérieusement aux conditions de culture que l'on peut lui offrir. Observez la lumière et la température, puis cherchez la plante adaptée. Vous aurez du plaisir avec vos plantes en conjuguant un emplacement approprié et le respect de ses besoins.

la durée des jours et du rayonnement solaire, tandis que les plantes de climat à forte variation de températures fleurissent pour la plupart après une phase de sécheresse combinée avec un fort rayonnement solaire. Si l'on considère les fortes capacités d'adaptation, conjuguées aux différents milieux naturels, il est évident que les orchidées sont des plantes robustes.

Les Cattleya d'exposition ont besoin d'un emplacement lumineux.

L'orchidée aux multiples talents

C'est dans ces milieux naturels vastes et différents où s'est développée cette diversité végétale, que l'homme a commencé à prélever les plantes les plus belles et les plus florifères, pour les cultiver chez lui, il y a plus de cent ans. Le résultat en est des milliers d'hybrides d'orchidées sélectionnés pour leurs caractères florifères, la taille des fleurs, la durée de floraison, les couleurs et la vigueur. Des orchidées, qui, il y a encore quelques dizaines d'années étaient difficiles voire impossibles à cultiver chez soi, sont désormais résolument résistantes, grâce aux succès de l'hybridation. Elles ont conquis à juste titre nos intérieurs.

Quelle orchidée à quel emplacement ?

Fenêtres chaudes et lumineuses : hybrides de *Dendrobium*, *Cattleya* et leurs alliés, *Phalaenopsis*, *Doritaeopsis*, *Ascocenda*, *Vanda*.

De septembre à mai les fenêtres orientées au sud sont adaptées à la culture des orchidées aimant la lumière et la chaleur. On doit ombrer de juin à août, ou mettre les plantes à l'extérieur pour l'été.

Fenêtres fraîches et ombragées : hybrides de *Dendrobium nobile*, *Miltonia*, *Brassia*, certains hybrides d'*Oncidium*, *Odontoglossum*, *Odontioda*, *Odontocidium*, *Wilsonara*.

Les orchidées pour la véranda

Dans la véranda comme à la maison vous devez faire votre choix de plantes selon les conditions que vous pouvez leur offrir.

Dans une véranda chaude (20 à 26 °C) en emplacement lumineux : On choisira des plantes appartenant au genre *Phalaenopsis*, *Catteya*, *Vanda*, *Ascocenda* et certains représentants du genre *Dendrobium*. Ce choix de plantes vous permettra de vous réjouir des floraisons toute l'année.

En été, en période sèche, on devra pouvoir augmenter l'humidité de l'air le matin et le soir. À cette période, les plantes sont particulièrement actives. Les mois d'été, il faut aussi ombrer suffisamment.

On soigne les plantes de manière relativement constante durant toute l'année. Les orchidées qui font leur pause végétative avec des températures plus fraîches, ne sont pas vraiment appropriées pour la véranda chaude.

Phalaenopsis hybride pour un emplacement chaud et lumineux.

Dendrobium nobile hybride a besoin de températures tempérées à chaudes.

Dans une véranda tempérée modérément chauffée
(14 à 20 °C) en emplacement lumineux, le choix des plantes doit être plus réfléchi.
Les hybrides de *dendrobium nobile* sont bien adaptés, ainsi que les *Brassia* et leurs alliés, certains *Cattleya* et les hybrides intergénériques issus d'*Odontoglossum*. Il est indispensable de vaporiser le matin et le soir en été par hautes températures. En hiver quand les températures sont plus fraîches, il faut nettement moins arroser et fertiliser les plantes. Les plantes aimant la lumière seront, autant que possible, accrochées près de la lumière, en haut, alors que les autres pourront être placées près du sol, plus à l'ombre. La grande période de floraison se situe au printemps et à l'automne.

Une véranda à peine chauffée,
(8 à 14 °C) qui reçoit peu de soleil, (orientation Est, Ouest, ou Nord) pourra être décorée avec des orchidées du genre *Miltonia*, *Masdevallia*, *Rossioglossum*, *Coelogyne*, *Odontoglossum* et leurs hybrides. En été, on pulvérisera le matin et le soir, les jours chauds et secs. En hiver, n'arrosez que peu et prudemment ! Les floraisons principales surviennent au printemps et à l'automne.

Dans une véranda maintenue hors gel, les *Cymbidium* sont particulièrement bien adaptés. Ces orchidées, extrêmement résistantes, ont besoin d'une différence sensible de température entre le jour et la nuit pour pouvoir fleurir. La véranda non chauffée se réchauffe en automne et en hiver grâce au soleil et la température y chute la nuit. Il y règne un climat idéal pour les orchidées de ce genre. Les plantes doivent être cultivées à l'extérieur en été. Elles supportent mal les trop hautes températures. L'époque de floraison est variable selon les espèces. Les plus précoces fleuriront dès l'automne, les plus tardives d'avril à mai, l'année suivante.

L'Odontoglossum (gauche) nécessite un emplacement mi-ombre et frais.
Le Cymbidium (droite) est adapté aux vérandas hors gel.

Compositions avec des orchidées

Les possibilités de planter ou de faire des compositions avec les orchidées, sont aussi importantes que leur diversité. Cependant, les contenants et les arrangements doivent répondre aux exigences des orchidées.

Jardinières, pots

Placer plusieurs orchidées dans un même récipient, est relativement vite fait, mais les cultiver ainsi à long terme est plus difficile. Les plantes ne doivent en aucun cas être plantées ensemble : laissez-les impérativement dans les pots individuels.
L'ARROSAGE : Les orchidées seront arrosées normalement. Le récipient devra être choisi simplement pour que les plantes ne baignent pas les pieds dans l'eau.
LE CHOIX DES PLANTES : Il s'oriente selon les conditions de culture de la pièce. Les plantes qui ont besoin de lumière et de chaleur ne doivent pas être associées à des plantes ayant besoin de fraîcheur et d'ombre. Cela vaut aussi pour d'éventuelles plantes vertes comprises dans la décoration.
LES SOINS : Facile si l'on peut sortir les plantes une à une. Elles peuvent être arrosées et fertilisées selon leurs exigences. Les plantes vertes décoratives ont besoin le plus souvent de plus d'eau que les orchidées.

Les paniers

Les paniers à orchidées sont proposés en différentes tailles et différents matériaux. Les paniers en bois tropicaux conviennent particulièrement. Les paniers en bois indigènes (pin ou sapin) sont proposés régulièrement, mais sont décomposés après deux à trois ans.
L'ARROSAGE : les plantes en paniers doivent être plus arrosées que les autres car elles sèchent plus rapidement.
LE CHOIX DES PLANTES : À côté des *Vanda* et *Ascovanda*, on choisira des plantes dont les tiges retombent comme par exemple les *Gongora* et les *Coelogyne*. Celles qui fleurissent vers le bas comme les *Stanhopea* poussent obligatoirement en panier.
LES SOINS : En principe très facile. Par contre, lors du rempotage de grandes plantes, quelques dommages sont inévitables. Après quelques années, le panier est trop petit et les racines ont formé un « chignon » indémêlable.

Le Tronc à orchidées

Les plantes qui seront fixées au tronc, devront rester faciles à enlever. Des tillandsias ou des broméliacées pourront leur être associés.
L'ARROSAGE : Tant que les plantes sont placées en pots habillés de fibre de coco, on peut les prendre individuellement et les arroser normalement.
LE CHOIX DES PLANTES : Les orchidées miniatures (voir page 32) sont particulièrement bien adaptées. Sinon les orchidées devront s'harmoniser selon leurs besoins.
LES SOINS : les orchidées devront pousser vers la lumière. On déplacera les plantes régulièrement car les racines des plantes restant en place longtemps peuvent se coller sur le tronc.

Les orchidées sur écorces

Pour beaucoup d'amateurs, elles donnent un sentiment d'authenticité. On peut les attacher à beaucoup de matériaux, le plus courant est le liège.
L'ARROSAGE : Les orchidées sur écorces devront être arrosées abondement le matin et le soir. Il est important de mouiller l'envers des feuilles.
LE CHOIX DES PLANTES : Parmi le grand nombre d'orchidées, il est important ici de se faire conseiller. En cas de manque de place, on se limitera, au départ, aux orchidées miniatures.
LES SOINS : l'entretien demande de l'attention. Il vaudra mieux les cultiver dans un terrarium ou en véranda, qu'à la maison !

Les plus belles Orchidées

Portraits de *Phalaenopsis*

Le genre le plus répandu pour l'intérieur est sans aucun doute le *Phalaenopsis*. Il est aussi connu sous le nom d'orchidée papillon.

Le nom vient du grec, phaleono = le papillon, et opsis = semblable. La majorité de la cinquantaine d'espèces est originaire d'Indonésie (en particulier Bornéo), de Malaisie et des Philippines. Le plus petit ne mesure que quelques centimètres, tandis que le plus grand a des feuilles qui peuvent atteindre une longueur de plus de 2 m.

Bien cultiver les phalaenopsis

La tige centrale presque invisible, recouverte de feuilles peut former un petit tronc. Les racines charnues apparaissent autour de ce tronc. Les fleurs se forment sur le côté du tronc. Les feuilles et les racines épaisses font que la plante a rarement besoin d'être arrosée plus d'une fois par semaine. En raison de leurs origines, ce sont des plantes très gourmandes en lumière. Elles doivent recevoir autant de soleil que possible, sans brûler. L'emplacement idéal est une fenêtre à l'Est ou l'Ouest. Une fenêtre Sud peut convenir si les orchidées sont protégées du soleil de midi, de mai à août. Les plantes sont cultivées à des températures tempérées à chaudes. Elles sont fertilisées régulièrement toute l'année. Elles fleurissent en moyenne longtemps, ce qui, vu leur facilité d'entretien, les rend populaires. Les *phalaenopsis* produisent parfois sur les tiges florales fanées de petites plantes, appelées «Keikis». Elles doivent mesurer environ 10 cm et avoir deux à trois racines de 10 cm de longueur, pour que l'on puisse les détacher prudemment au printemps et les mettre en pot.

Phalaenopsis à grosses fleurs

▸ But de la sélection : À l'origine, elles étaient cultivées pour la fleur coupée. Des fleurs de 14 cm de diamètre n'étaient pas rares. Par de nouveaux croisements, les fleurs ont diminué de taille, leur nombre et la durée de floraison ont augmenté (photo : *phalaenopsis* 'Carmela's Stripe').

▸ Signes particuliers : Sur des plantes bien tenues, il est possible d'avoir 30 fleurs de 7 à 9 cm de diamètre. Sur la pointe du labelle on trouve deux appendices facilement reconnaissables.

▸ Singularités : pour les variétés à grosses fleurs, on coupera, après la floraison, au-dessus du troisième ou quatrième œil. En général l'œil produit une pousse florale. Si on laisse la tige continuer à pousser, sans la couper, la suivante n'a que peu de fleurs.

Phalaenopsis variés

▸ But de la sélection : On a croisé des formes botaniques pour obtenir de nouvelles formes et couleurs. On a créé des fleurs jaunes, bicolores, pointillées, tachetées. Certaines variétés sont parfumées (photo : *phalaenopsis* 'Orchid World').

▸ Signes particuliers : Avec quatre à six fleurs par tige, elles en possèdent nettement moins que les phalaenopsis à grandes fleurs. Le labelle ne possède pas d'appendice. Les feuilles cireuses sont très grosses proportionnellement au nombre de fleurs.

▸ Singularités : On ne coupera pas les tiges florales. Les plantes continuent de pousser tant qu'il fait beau. Les tiges florales rebourgeonnent presque toujours, après une pause en hiver.

Doritaenopsis

▸ But de la sélection : Les *Doritaenopsis* (*phalaenopsis* x *doritis*) se distinguent par leurs fleurs rouge foncé, de 5 à 6 cm de diamètre, sur une très longue tige. Par la sélection, on a obtenu une forme blanche florifère.

▸ Signes particuliers : Les feuilles sont pointues, en général gris vert. Les tiges florales sont droites et densément fleuries. Le *Doritaenopsis* possède en général plus de 40 fleurs sur une tige et se ramifie rarement.

▸ Singularités : Les *Doritaenopsis* doivent être cultivés au chaud et en pleine lumière. Les plantes produisent en général de nombreux rejets, que l'on ne pourra néanmoins séparer de la plante mère qu'après quelques années.

Mini-Phalaenopsis

▸ But de la sélection : Plantes compactes avec des tiges florales ramifiées et de nombreuses fleurs blanches, roses, blanches à labelle rouge, striées, pointillées. En général les plantes ont plusieurs tiges florales.

▸ Signes particuliers : Ces phalaenopsis ont des tiges florales de 20 à 40 cm. Les nouvelles variétés fleurissent avec une taille de feuilles de 10 cm environ. La taille des fleurs est d'à peu près 2 à 3 cm. Certaines variétés fleurissent en haut de la tige tandis que les fleurs poussent vers le bas.

▸ Singularités : Ils ne fleurissent que deux à trois mois. Les tiges florales seront coupées à la base. Ils refleurissent beaucoup plus vite que les plus gros !

Les *Cattleya* et leurs Alliés

Couleurs intenses chez les *Cattleya*

Le genre *Cattleya* et ses alliés sont originaires d'Amérique du Sud. Avec sa taille et ses couleurs vives, c'est aujourd'hui encore la fleur d'orchidée par excellence. Le premier *Cattleya* fut trouvé en 1818 et le genre décrit en 1821. On connaît aujourd'hui 40 espèces avec de nombreuses variétés de formes et de couleurs.
On différencie les *Cattleya* à une ou deux feuilles. En général, les espèces à une feuille possèdent les plus grosses fleurs. Elles ne durent cependant qu'une à deux semaines. Les espèces à deux feuilles ont des fleurs nettement plus petites, mais peuvent avoir jusqu'à 15 fleurs sur une tige. La durée de la floraison est de trois à quatre semaines.
Les *Laelia* sont de proches parents des *Cattleya*. Divisés entre les petits *Laelia* saxicoles et ceux à grosses fleurs, leur floraison dure aussi de deux à trois semaines en général.

Attention diversité !

› **En raison de** leur grande diversité, il y a de nombreuses exceptions pour la culture des Catlteya. On prendra soin de se faire conseiller en détail à l'achat. Beaucoup d'hybrides intergénériques ont besoin de conditions particulières.

Les *Sophronitis* sont aussi apparentés aux *Catlteya*. Ces « nains » originaires du Brésil ne dépassent pas les 8 cm et peuvent exhiber leurs fleurs rouges plusieurs fois par an pendant deux à quatre semaines. Les genres *Brassavola* et *Rhyncholaelia* sont originaires d'Amérique Centrale. Ces deux genres de taille moyenne, proviennent de régions très sèches et chaudes. Ils ont des fleurs blanc crème en général.

Le groupe des *Cattleya*

Le groupe des Cattleya peut être divisé en trois.

- Les Cattleya standards sont les « classiques » avec des fleurs de plus de 20 cm. Parmi eux beaucoup de floraisons blanches, roses, et violettes, quelquefois au labelle frangé. Ces dernières années les couleurs plus vives sont recherchées. Avec deux à trois semaines, la durée de floraison est clairement plus courte que chez les *Cattleya* semi-miniatures. Ils ne fleurissent qu'une fois par an. Les anciennes variétés ont besoin d'une pause hivernale marquée.

▸ Les Catteya semi-miniatures sont des plantes moyennes, le plus souvent à deux feuilles. Quelquefois multicolores, leurs couleurs sont très intenses. Les hampes florales sont florifères et durent longtemps. Ils peuvent fleurir deux à trois fois par an, pour six semaines ou plus. Une période de repos n'est pas indispensable.

▸ Les minis Cattleya sont des petites plantes compactes aux couleurs très intenses. La durée de la floraison se limite ici à cinq semaines, mais ils pourront fleurir plusieurs fois dans l'année, sans période de repos.

***Les mini-Cattleya* ont besoin de peu de place.**

Cultiver les *Cattleya* correctement

▸ Arrosage: Les *Catteya* doivent être arrosés régulièrement en rapport avec leur rythme de croissance. Une nouvelle pousse en croissance demande nettement plus d'eau qu'une plante en repos végétatif. Les minis *Cattleya,* en petits pots, peuvent être arrosés une à deux fois par semaine, tandis que les grandes plantes ne le seront que toutes les deux à trois semaines et quelquefois encore moins pendant la période de repos. Entre les arrosages, le substrat doit sécher sans dessécher.

▸ Lumière: Les *Cattleya* ont besoin de beaucoup de lumière. Les *Brassavola* et les hybrides de *Rhyncholaelia* en particulier, avec des feuilles rigides, peuvent être suspendus en plein soleil. Les hybrides de *Sophronitis* poussent avec moins de lumière.

▸ Température: Les *Cattleya* aiment la chaleur. Les hybrides anciens à une feuille peuvent hiverner au sec et au frais et marquer un repos végétatif.

▸ Fertilisation: Régulièrement pendant la période de croissance, pas pendant le repos végétatif.

Portraits de *Paphiopedilum*

Une des orchidées les plus connues est le *Paphiopedilum*, aussi appelée « Sabot de Venus ».

Le nom provient du grec. « Paphio » est le nom d'une île où se trouve un temple dédié à Vénus. « Pedilon » signifie chaussure. Le premier Sabot-de-vénus a été découvert en 1816 au Nord-Est de l'Inde. On en connaît aujourd'hui plus de 120. Leur milieu naturel s'étend du Nord-Est de l'Inde, en passant par tout le Sud-est asiatique jusqu'aux Philippines. Les plus petits n'atteignent que quelques centimètres, les plus gros ont des feuilles atteignant deux mètres de longueur avec une tige florale dépassant 1,50 m. Les plantes poussent le plus souvent sur le sol, mais aussi sur des arbres ou des falaises. On les rencontre au niveau de la mer comme en altitude jusqu'à plus de 2000 m. C'est pourquoi certains demandent des températures fraîches tandis que d'autres exigent de la chaleur. Certains poussent dans des lieux exposés au soleil, d'autres à l'ombre. La connaissance précise de la plante acquise est ici importante pour pouvoir la faire refleurir. Elles restent fleuries plusieurs semaines, jusqu'à trois mois. La tige centrale invisible est recouverte de feuilles. Leurs couleurs varient de vert clair à vert foncé, mais on connaît beaucoup d'espèces et d'hybrides à feuilles panachées. Les racines sont charnues, brunes et velues. Après la floraison, la plante meurt progressivement, tandis que deux ou trois nouvelles pousses grandissent et fleurissent à leur tour. Les plantes, avec de petites feuilles étroites, doivent passer l'hiver au sec et au frais pour pouvoir refleurir.

Les hybrides Américains

- But de la sélection : Ces Sabots de Vénus hybrides étaient cultivés à l'origine pour la fleur coupée. Ils sont plus souvent proposés ces dernières années et sont de plus en plus appréciés.

- Signes particuliers : Ce sont des plantes compactes, aux larges feuilles vert foncé, à la tige florale vigoureuse, avec une seule grosse fleur.

- Singularités : Ces hybrides fleurissent une fois par an pour une durée de deux à trois mois, de novembre à mars.

- Culture : Tempérée. Arroser une fois par semaine et fertiliser régulièrement toute l'année. Emplacement mi-ombre à ombre. Ne pas couper les tiges fanées.

Les types-*Maudiae*

▸ But de la sélection : Ces Sabots de Vénus sont très vigoureux et simples à cultiver.

▸ Signes particuliers : plante compacte aux feuilles marbrées. La couleur des fleurs est le plus souvent verte ou brune. On trouve des variétés presque noires.

▸ Singularités : Ces Sabot-de-vénus fleurissent quand la nouvelle pousse est pleinement développée. En raison de leur croissance rapide, ils peuvent fleurir deux à trois fois l'an.

▸ Culture : tempérée. Arroser une fois par semaine et fertiliser toute l'année régulièrement. Emplacement mi-ombre à ombre. Ne pas couper les tiges fanées, les feuilles sèchent et tombent.

Les multi-fleurs

▸ But de la sélection : Alors que la plupart des multi-fleurs botaniques sont difficiles à cultiver, les hybrides se montrent plus vigoureux et plus adaptables.

▸ Signes particuliers : La feuille peut mesurer jusqu'à 50 cm. La tige florale atteint au minimum de 40 à 60 cm de hauteur. Trois à six fleurs sont la norme.

▸ Singularités : Les Sabots de Venus multi-fleurs fleurissent régulièrement en été. Certains ne fleurissent que tous les deux à quatre ans.

▸ Culture : Tempérée à chaude. Emplacement lumineux. Arroser une fois pas semaine et fertiliser régulièrement toute l'année. Ne pas couper les tiges fanées. Les feuilles sèchent avec le temps et tombent.

Les Phragmipedium

▸ But de la sélection : Les Sabots de Vénus sud américains sont nouveaux sur le marché. La cible est de grandes fleurs rouges et une longue floraison.

▸ Signes particuliers : La plante a nettement plus de feuilles que les *Paphiopedilum*. Les feuilles sont plus étroites et plus souples, vert clair à vert foncé. Les fleurs ne durent que de trois à six jours mais se renouvellent continuellement.

▸ Singularités : Les *Phragmipedium* font partie des rares orchidées qui supportent l'humidité au niveau des racines.

▸ Culture : Tempérée et mi-ombragée. Arroser une fois par semaine ; peut-être laissé quelquefois les pieds dans l'eau. Ne pas couper les tiges fanées. Les feuilles sèchent avec le temps et tombent.

Portraits de *Dendrobium*

Le *Dendrobium* est l'un des genres le plus important avec plus de 1200 espèces décrites.

Le nom vient du grec (dendros = arbre et bios = vie). Son aire de diffusion s'étend de l'Inde à tout le sud-est asiatique, du niveau de la mer jusqu'à 2800 m d'altitude. Ils sont aussi présents en Australie. Les plus petits ne mesurent que quelques centimètres, les plus grands peuvent atteindre 1,50 m. Certains *Dendrobium* jouent un rôle dans la médecine traditionnelle chinoise, Certains bulbes sont cuits et le jus administré pour faire tomber la fièvre.
En raison de leurs larges zones d'origine, leurs besoins sont différents : quand certains vivent dans des forêts de brouillard toujours humides, d'autres se sont adaptés à la vie dans des savanes presque sans précipitation. Les plus grandes populations se trouvent néanmoins dans des zones de climat tempéré. Certains ne fleurissent que quelques heures, d'autres restent en fleur de longs mois. Le plus fascinant reste la diversité des fleurs : il y a des fleurs solitaires mais aussi des tiges ou des grappes denses de toutes formes et couleurs imaginables.
Le *Dendrobium* à une croissance sympodiale. La tige couverte de feuilles peut être dressée ou pendante. Chez les plantes de forêts de brouillard, les racines sont fines et nombreuses. Chez celles de zones plus sèches, elles sont plus charnues et moins abondantes. Certaines espèces ne fleurissent que sur la pousse de l'année précédente, chez d'autres, les anciens bulbes produisent toujours de nouvelles hampes florales, année après année. Les espèces de climat tempéré sont toujours vertes tandis que celles de climat plus extrême perdent souvent leurs feuilles.

Les *Dendrobium* à fleurs en grappes

▸ But de la sélection : Après avoir pu faire grossir la fleur, on se concentre sur leur longévité (photo : *D. thyrsiflorum*)

▸ Signes particuliers : Les bulbes cylindriques possèdent deux à quatre feuilles terminales. Dans de bonnes conditions, les vieux bulbes gardent leurs feuilles plusieurs années.

▸ Singularités : La durée de floraison n'est que de deux à quatre semaines mais ces orchidées peuvent refleurir sur les vieux bulbes tout au long de l'année.

▸ Culture : Ils prospèrent en conditions tempérées, à la mi-ombre. Arrosage et fertilisation réguliers ! Une courte période de fraîcheur (environ 12 à 15 °C) peut encourager la formation des fleurs. En été les plantes se plaisent dehors.

Les hybrides de *Dendrobium nobile*

▸ But de la sélection : Il apparaît constamment de nouvelles couleurs, les plantes deviennent compactes et le nombre de fleurs augmente.

▸ Signes particuliers : Les nouveaux bulbes cylindriques sont couverts de feuilles tandis que souvent les anciens n'en ont plus.

▸ Singularités : La durée de la floraison est de huit à dix semaines. Pour fleurir, la plante a besoin d'un endroit frais et sec à partir d'octobre. Les boutons apparaissent après quatre à huit semaines.

▸ Culture : En conditions tempérées, dans un endroit à mi-ombre. Ils doivent simplement être arrosés et fertilisés régulièrement pendant la période de croissance. En été, les plantes poussent bien à l'extérieur.

Les hybrides de *Dendrobium -phalaenopsis*

▸ But de la sélection : Connus comme fleurs coupées. Depuis ces dernières années, on peut les cultiver comme plantes d'intérieur.

▸ Signes particuliers : Minces, poussant droit, feuillus à la pointe du bulbe, floraison terminale. Les couleurs de fleurs sont le blanc, le blanc et rose et les variations de ton rose.

▸ Singularités : La durée de floraison dépasse les trois mois. Pour former ses fleurs, la plante a besoin d'un emplacement lumineux.

▸ Culture : Ils aiment la chaleur et la lumière. Pendant la croissance des nouvelles pousses ils doivent être régulièrement arrosés et fertilisés. La plante n'a pas besoin de période de repos prononcée.

Hybride de Dendrobium -antilope

▸ But de la sélection : On crée constamment de nouvelles formes et de nouvelles couleurs, et on réduit la hauteur.

▸ Signes particuliers : Minces, poussant droit, des feuilles à la pointe du bulbe où apparaissent les fleurs. Elles sont de couleur blanche, jaune, bleue ou bordeaux.

▸ Singularités : La durée de la floraison atteint plus de 4 mois. Pour former ses fleurs, la plante a besoin d'un emplacement lumineux. Les vieux bulbes, sans feuille, peuvent aussi former de nouveaux boutons.

▸ Culture : Ils aiment la chaleur et la lumière. Pendant la croissance des nouvelles pousses, ils doivent être régulièrement arrosés et fertilisés. La plante n'a pas besoin de période de repos prononcée.

Portraits d'odontoglossum

Dans ce groupe sont rassemblés de très nombreux genres.

Par exemple : *Odontoglossum, Oncidium, Cochlioda, Miltonia, Miltonioides, Brassia* et aussi des genres apparentés plus éloignés comme *Ada, Baptistonia* et *Aspisia*. Beaucoup d'hybrides intergénériques en sont issus et peuvent être cultivés à la maison : *Burrageara, Odontocidium, Odontodia, Odontonia, Beallara, Vuylsekeara* et *Wilsonara* (voir page 38). Ces orchidées sont originaires d'Amérique du sud et d'Amérique centrale et proviennent des forêts de brouillard. Les plantes ont une croissance sympodiale et possèdent un pseudobulbe (qui sert de réserve d'eau et de nutriments) avec des feuilles et des racines fines. Ils mesurent de 30 à 50 cm, la tige florale prend naissance à la base du pseudo-bulbe et peut porter jusqu'à plus de cent fleurs de 2 à 3 cm. Les hybrides actuels sont résistants et peuvent être cultivés dans chaque intérieur avec succès. Les plantes possèdent un rythme de croissance marqué, indépendant des saisons. Quand les nouvelles pousses apparaissent, la plante doit être conservée légèrement humide et être fertilisée régulièrement. Quand la croissance est terminée, le nouveau bulbe s'éloigne de l'ancien. On doit alors moins arroser et moins fertiliser. Certaines espèces doivent être conservées au frais jusqu'à ce que la tige florale apparaisse. Bien connaître ses plantes est important. Il faut éviter l'air trop sec et choisir un emplacement d'ombragé à mi-ombre. Elles peuvent passer l'été à l'extérieur. Les vieilles pousses ayant fleuri commencent à sécher par l'extrémité. Vous ne devez pas couper ces vieilles feuilles. Elles tomberont toutes seules avec le temps.

Miltonia

▸ But de la sélection : De nombreuses grosses fleurs aux couleurs intenses.

▸ Signes particuliers : Feuilles vertes argentées, pseudobulbes plats. Après la floraison la plante produit souvent 2 à 3 nouvelles pousses. La forme de ses fleurs fait penser à une pensée.

▸ Singularités : Les *Miltonia* fleurissent environ deux à trois mois. Il faut attendre ensuite une demi-année pour voir refleurir les nouvelles pousses.

▸ Culture : Températures tempérées et mi-ombre. Elles doivent être arrosées et fertilisées régulièrement. Une période de fraîcheur (12 à 15 °C) peut encourager la formation des fleurs. En été, les plantes apprécient l'extérieur.

Odontoglossum et hybrides proches

▸ But de la sélection : Plus grande vigueur. (Photo : *Beallara* 'Peggy Ruth Carpenter')

▸ Signes particuliers : Vu le grand nombre de combinaisons, plantes très différentes.

▸ Singularités : Les plantes ont un rythme de croissance marqué. Les tiges florales apparaissent après la formation des bulbes. Les nouvelles pousses apparaissent déjà pendant ou après la floraison. Les fleurs persistent de 6 à 12 semaines.

▸ Culture : Conditions tempérées à mi-ombre avec des arrosages et une fertilisation constants. Une courte période de fraîcheur (12 à 15 °C) peut encourager la formation de bourgeons floraux. En été, les plantes apprécient l'extérieur.

Oncidium et hybrides proches

▸ But de la sélection : Issues d'orchidées de forêts de brouillard, avec les croisements avec des espèces aimant la chaleur, on obtient des hybrides adaptés à la culture à l'intérieur.

▸ Signes particuliers : Fleurs jaunes à grand labelle. Les pseudo-bulbes n'ont souvent des feuilles qu'à l'extrémité.

▸ Singularités : les plantes ont un penchant pour la formation de racines aériennes. Les nouvelles pousses sont souvent grimpantes. Il est important de rempoter régulièrement.

▸ Culture : Conditions tempérées à mi-ombre ou plein-soleil avec des arrosages et une fertilisation constants. Une courte période de fraîcheur (12 à 15 °C) peut encourager la formation de fleurs. En été, apprécient l'extérieur.

Rossioglossum

▸ But de la sélection : En comparaison avec les orchidées d'importation directe « d'orchidée tigre », les hybrides cultivés sont plus vigoureux et plus faciles.

▸ Signes particuliers : Les fleurs ont jusqu'à 15 cm de diamètre. Certaines plantes peuvent porter jusqu'à dix fleurs.

▸ Singularités : Les racines sont grosses et charnues. Elles sont très sensibles au rempotage. Agir prudemment !

▸ Culture : Les plantes poussent dans des conditions tempérées dans un emplacement à mi-ombre. Elles doivent être arrosées et fertilisées régulièrement pendant la croissance. Après la formation des pousses et jusqu'à l'apparition des nouvelles, garder au frais et au sec. Arrêter l'engrais.

Les orchidées miniatures

Une possibilité très séduisante de cultiver des orchidées rares ou originales à la maison, c'est d'adopter les orchidées miniatures.

Tout d'abord, pour être franc, il faut savoir que la culture des orchidées miniatures demande plus d'attention que celle des autres orchidées d'intérieur. Les orchidées miniatures offrent par contre des perspectives presque infinies de possibilités tant leur nombre est immense et toujours élargi par les nouvelles découvertes et les nouveaux hybrides. On les cultive dans une vitrine, un paludarium (terrarium avec une partie en eau), une serre d'intérieur ouverte ou fermée, une cave avec lumière artificielle ou un grenier aménagé.

L'Oncidium ornithorhynchum sent la vanille.

Dendrobium cuthbertsonii pour les amateurs chevronnés.

Pour la culture des orchidées miniatures, il faut savoir que beaucoup ont besoin d'une forte humidité de l'air. La culture à la maison dans de petits pots est possible avec de l'attention. Des tablettes aménagées produisent de l'humidité mais ne remplacent pas les pulvérisations régulières. Les petits pots sèchent très vite, ils devront être arrosés jusqu'à trois fois par semaine. Pour une installation correcte, il peut être utile de faire appel à un spécialiste des orchidées.

L'installation des orchidées miniatures, comme pour toutes les autres orchidées, dépend des conditions des pièces où elles sont cultivées. Il y a des orchidées pour toutes les températures et toutes les conditions de lumière. Dans une vitrine ou une serre d'intérieur fermée, on peut choisir la température et la luminosité, ce qui élargit encore le choix des plantes.

Masdevallia 'Golden tiger', une orchidée pour la maison.

Cirrhopetalum fascine avec ses fleurs bizarres.

Les orchidées miniatures peuvent être cultivées de manières différentes : elles peuvent être attachées à des supports ou à des « pots diffuseurs » ou être plantées en pots. Les « pots diffuseurs » en terre cuite dont de l'eau suinte régulièrement sur des longues périodes facilitent l'entretien des orchidées suspendues. Avec cette technique, la fertilisation doit être calculée précisément. L'engrais minéral sous forme solide est peu adapté aux orchidées fixées sur support. Les concentrations doivent être aussi nettement plus faibles.

D'autres belles orchidées

Les orchidées africaines

Les orchidées africaines les plus courantes en culture sont les *Aerangis*, *Angraecum* et *Aeranthes*. La couleur des fleurs chez les *Aerangis* et les *Angraecum* est en général blanche. Les fleurs sont munies d'un long éperon et elles sentent légèrement le citron la nuit. La taille des plantes varie de quelques centimètres jusqu'à plus de 1 m de hauteur. Leur aire d'origine se trouve à Madagascar et au sud de l'Afrique. Les plantes se sentent bien dans des conditions tempérées chaudes, avec un apport d'engrais modéré et un arrosage régulier, à quelques exceptions près. La plupart pousse bien à la maison près d'une fenêtre.

Bulbophyllum et *Cirrhopetalum*

Ces genres se trouvent en Afrique, Amérique, Asie et Australie. Les espèces avec les plus belles fleurs viennent d'Asie du sud-est. Cette famille de plantes comprend plus de 1400 espèces, dont quelques-unes seulement peuvent être cultivées à l'intérieur. Les fleurs ont des couleurs et des formes bizarres et spectaculaires. Les plantes se sentent bien en climat tempéré chaud, à un emplacement à mi-ombre. La fertilisation et l'arrosage dépendent des différentes espèces. Les orchidées miniatures ont besoin d'arrosages fréquents, les grandes plantes se contentent de moins. La floraison dure d'un jour à trois semaines.

Catasetum, Clowesia, Cycnoches, Mormodes

Ces genres apparentés viennent d'Amérique du sud. Ils mesurent 50 cm de hauteur. Les fleurs mesurent environ 6 à 12 cm. La hampe florale naît du pseudo-bulbe. Alors que les espèces botaniques ne

Les Cycnoches-hybrides ***fleurissent plus longtemps.***

fleurissent que quelques jours à deux semaines, les hybrides peuvent rester six semaines en fleurs. Les plantes se sentent bien en climat tempéré chaud avec une forte humidité. Pendant la croissance, elles doivent être arrosées et fertilisées généreusement. Quand le pseudo-bulbe est formé, la hampe florale se forme et les feuilles commencent à flétrir. On garde les plantes au sec et on arrête l'apport d'engrais jusqu'à l'apparition des nouvelles pousses.

Coelogyne

Les *Coelogyne* sont originaires de tout le sud-est asiatique, en altitude de 200 à 2000 m. Il faut donc faire la différence entre les espèces et les hybrides de climat tempéré et ceux de climat frais. La majorité des espèces mesure de 30 à 40 cm. Il y en a des plus petites et de bien plus grandes. Les fleurs sont en général blanches avec un labelle coloré. Les fleurs ocres ou vertes sont plus rares. Les plantes se sentent bien à l'ombre et à mi-ombre et ont un rythme de croissance marqué. À la fin de la croissance, on arrosera et fertilisera donc nettement moins.

Cymbidium

Le genre *Cymbidium* est originaire des régions d'altitude du sud-est asiatique. Ils ont été cultivés pendant des années comme fleurs coupées. Des hybrides de petites tailles sont néanmoins présents dans le commerce. Ces orchidées sont incroyablement résistantes ; Du printemps à l'automne elles supportent un arrosage abondant, l'engrais et la lumière. La floraison est induite à l'automne par les différences de températures entre le jour et la nuit. Elles ne sont donc conseillées pour le salon que sous conditions mais elles se sentent très bien dans une véranda non chauffée.

Epidendrum

Epidendrum est une appellation générale pour beaucoup d'orchidées qui ont été différenciées de ce genre : *Aulizia, Encyclia, Hormidium, Nanodes, Oerstedella.* Ces plantes viennent d'Amérique centrale et d'Amérique du sud. Elles sont

Les Cymbidium ont besoin de place en général.

apparentées aux *Cattleya*. La plupart aiment les emplacements lumineux et préfèrent les climats tempérés chauds. Elles supportent des températures fraîches de l'ordre de 10 °C sur de courtes périodes. Plus la plante reçoit de lumière, mieux les fleurs se développent.

Les orchidées éventails

Sous ce terme générique sont regroupées des plantes sans pseudo-bulbe : *Bollea, Cochleanthes, Chondrorhyncha, Kefersteinia, Pesctorea, Steinia* et *Huntleya*. Elles viennent des zones tropicales d'Amérique du sud, poussent à l'ombre ou à mi-ombre, en climat tempéré chaud dans de l'air humide.

Les Masdevallia hybrides ont des fleurs fascinantes.

Elles ont besoin de peu d'engrais mais très régulièrement et fleurissent souvent plusieurs fois par an. Les tiges des hampes florales sont courtes si bien que les fleurs très séduisantes sont difficiles à mettre en valeur.

Lycaste, Anguloa

Les orchidées de ce genre sud-américain deviennent malheureusement très grandes et elles restent difficiles à trouver malgré leurs très belles fleurs. Au printemps, les nouvelles pousses se forment atteignant rapidement 80 cm de longueur. À l'automne, les pseudo-bulbes se forment et les feuilles fanent. Dès que les fleurs se développent à l'aisselle des pseudo-bulbes, on arrose très peu et on ne fertilise plus. La floraison dure plus de deux mois.

Masdevallia, Pleurothallis, Lepanthes, Restrepia

Ces genres viennent tous des zones tropicales d'Amérique de sud. Ce sont pour la plupart des orchidées miniatures qu'il n'est pas toujours facile de conserver. De plus, chez les *Masdevallia*, les fleurs sont petites et rarement spectaculaires. Selon l'altitude de leur zone d'origine, elles doivent être cultivées à des températures fraîches ou tempérées. Elles aiment les emplacements ombragés et demandent une eau de bonne qualité. Il faut souvent utiliser de l'eau de pluie filtrée ; l'eau du robinet est trop minéralisée pour ces espèces.

Stanhopea, Gongora, Bifrenaria, Cirrhaea, Houlletia

Ces plantes à la croissance herbacée proviennent d'Amérique du sud. Comme la plupart ont une floraison retombante, il faudra les cultiver en suspension ou en panier. La taille des fleurs est variable de 3 à 5 cm chez *Gongora* jusqu'à plus de 20 cm chez *Stanhopea*. Chez *Stanhopea* les fleurs curieuses poussent vers le bas et il faut les cultiver en paniers. Ces orchidées ont besoin de températures tempérées et d'un emplacement mi-ombre à lumineux. Pendant la croissance au printemps, elles ont besoin d'eau en abon-

dance et d'engrais. Elles n'ont pas de pause végétative marquée en hiver.
À partir de l'automne jusqu'au printemps, on doit moins les arroser et moins les fertiliser.

Le genre Vanda est très varié.

Vanda et Alliés

Avec *Ascovanda, Renanthera, Aerides, Aranda, Ascocentrum* et *Rhynchostylis*, on a à faire à un grand groupe de plantes avec beaucoup de genres apparentés. Elles viennent d'Asie du sud-est et leurs végétations se ressemblent. Par contre la structure de leurs fleurs comporte de telles différences qu'on les a classées dans des genres différents. Comme elles se croisent facilement, il y a un grand nombre d'hybrides intergénériques. Les plantes aiment les emplacements lumineux, une humidité suffisante par pulvérisation des racines et de l'engrais modérément toute l'année. Comme elles peuvent devenir très grandes, elles ne sont donc que peu adaptées à la culture à la maison. La culture de ces orchidées est très chère en Europe, on trouve donc le plus souvent des plantes finies importées de Malaisie ou de Singapour. Elles sont mises en fleurs ici, puis proposées à la vente. Comme elles ne sont pas acclimatées, elles perdent rapidement toutes leurs feuilles et meurent. Des plantes, préalablement acclimatées en Europe, peuvent sans problème être cultivées avec succès à la maison plusieurs années.

Zygopetalum, Phaius

Bien que *Zygopetalum* soit originaire d'Amérique du sud et *Phaius* d'Asie, ils sont apparentés. Les plantes deviennent vraiment grandes et possèdent une végétation herbacée.
Vu leurs tailles, elles sont peu adaptées à un rebord de fenêtre. Au printemps et en été, elles seront arrosées et fertilisées en abondance. En automne et en hiver beaucoup moins. Les températures optimales se situent entre 15 et 20 °C.

Groupe des *Catasetum* (Page 34)

- Catamodes (Ctmds.) — *Catasetum* x *Mormodes*
- Catanoches (Ctnchs.) — *Catasetum* x *Cycnoches*
- Cycnodes (Cycd.) — *Cycnoches* x *Mormodes*

Groupe des *Cattleya* (Page 24)

- Bardendrum (Bard.) — *Barkeria* x *Epidendrum*
- Brassoepidendrum (Bepi.) — *Brassavola* x *Epidendrum*
- Brassoepilaelia (Bpl.) — *Brassavola* x *Epidendrum* x *Laelia*
- Brassolaelia (Bl.) — *Brassavola* x *Laelia*
- Brassolaelia (Bl.) — *Brassavola* x *Cattleya* x *Laelia*
- Cattleytonia (Ctna.) — *Broughtonia* x *Cattleya*
- Diacattleya (Diaetwa) — *Cattleya* x *Diacrium*
- Epicattleya (Epc.) — *Cattleya* x *Epidendrum*
- Epilaelia (Epl.) — *Epidendrum* x *Laelia*
- Epiphronitis (Ephs.) — *Epidendrum* x *Sophronitis*
- Hawkinsara (Hknsa.) — *Broughtonia* x *Cattleya* x *Laelia* x *Sophronitis*
- Iwanagara (Iwan.) — *Brassavola* x *Cattleya* x *Diacrium* x *Laelia*
- Laeliocatonia (Lctna.) — *Broughtonia* x *Cattleya* x *Laelia*
- Laeliocattkeria (Lcka.) — *Barkeria* x *Cattleya* x *Laelia*
- Laeliocattleya (Lc.) — *Cattleya* x *Laelia*
- Otaara (Otr.) — *Brassavola* x *Broughtonia* x *Cattleya* x *Laelia*
- Sophrolaelia (Sl.) — *Sophronitis* x *Laelia*
- Sophrolaeliocattleya (Slc.) — *Cattleya* x *Laelia* x *Sophronitis*
- Sophrocattleya (Sc.) — *Cattleya* x *Sophronitis*

Groupe des Orchidées Éventails (Page 35)

- Bolleanthes (Blth.) — *Bollea* x *Cochleanthes*
- Chondrobollea (Chdb.) — *Bollea* x *Chondrorhyncha*
- Cochlenia (Cclna.) — *Cochleanthes* x *Stenia*
- Huntleanthes (Hnths.) — *Cochleanthes* x *Huntleya*
- Keferanthes (Kefth.) — *Cochleanthes* x *Kefersteinia*
- Pescatobollea (Psbol.) — *Bollea* x *Pescatorea*

Groupe des *Lycaste* (Page 36)

- Angulocaste (Angcst.) — *Anguloa* x *Lycaste*
- Colaste (Cste.) — *Colax* x *Lycaste*

Groupe des *Odontoglossum* (Page 30)

- Adacidium (Adcm.) — *Ada* x *Oncidium*
- Adaglossum (Adgm.) — *Ada* x *Odontoglossum*

▸ Aliceara (Alcra.)	*Brassia* x *Miltonia* x *Oncidium*
▸ Aspasium (Aspsm.)	*Aspasia* x *Oncidium*
▸ Beallara (Bllra.)	*Brassia* x *Cochlioda* x *Miltonia* x *Odontoglossum*
▸ Brassada (Brsa.)	*Ada* x *Brassia*
▸ Brassidium (Brsdm.)	*Brassia* x *Oncidium*
▸ Burrageara (Burr.)	*Cochlioda* x *Miltonia* x *Odontoglossum* x *Oncidium*
▸ Colmanara (Colm.)	*Miltonia* x *Odontoglossum* x *Oncidium*
▸ Crawshayara (Craw.)	*Aspasia* x *Brassia* x *Miltonia* x *Oncidium*
▸ Degarmoara (Dgmra.)	*Brassia* x *Miltonia* x *Odontoglossum*
▸ Gomada (Gmda.)	*Ada* x *Gomesas*
▸ Howeara (Hwra.)	*Leochilus* x *Oncidium* x *Rodriguezia*
▸ Maclellanara (Mclna.)	*Brassia* x *Odontoglossum* x *Oncidium*
▸ Miltassia (Mtssa.)	*Brassia* x *Miltonia*
▸ Miltonidium (Mtdm.)	*Miltonia* x *Oncidium*
▸ Odontioda (Oda.)	*Cochlioda* x *Odontoglossum*
▸ Odontobrassia (Odbrs.)	*Brassia* x *Odontoglossum*
▸ Odontocidium (Odcdm.)	*Odontoglossum* x *Oncidium*
▸ Odontonia (Odtna.)	*Miltonia* x *Odontoglossum*
▸ Vuylstekeara (Vuyl.)	*Cochlioda* x *Miltonia* x *Odontoglossum*
▸ Wilsonara (Wils.)	*Cochlioda* x *Odontoglossum* x *Oncidium*

Groupe des *Vanda* (Page 37)

▸ Aeridocentrum (Aerctm.)	*Aerides* x *Ascocentrum*
▸ Aeridofinetia (Aerf.)	*Aerides* x *Neofinetia*
▸ Aeridopsis (Aerps.)	*Aerides* x *Phalaenopsis*
▸ Aeridovanda (Aerdv.)	*Aerides* x *Vandas*
▸ Aranda (Aranda)	*Arachnis* x *Vanda*
▸ Ascocenda (Ascda.)	*Ascocentrum* x *Vanda*
▸ Ascofinetia (Ascf.)	*Ascocentrum* x *Neofinetia*
▸ Asconopsis (Ascps.)	*Ascocentrum* x *Phalaenopsis*
▸ Ascovandoritis (Asvts.)	*Ascocentrum* x *Doritis* x *Vanda*
▸ Chriestieara (Chtra.)	*Aerides* x *Ascocentrum* x *Vanda*
▸ Darwinara (Dar.)	*Ascocentrum* x *Neofinetia* x *Rhynchostylis* x *Vanda*
▸ Mokara (Mkra.)	*Arachnis* x *Ascocentrum* x *Vanda*
▸ Opsistylis (Opst.)	*Rhynchostylis* x *Vandopsis*
▸ Renancentrum (Rnctm.)	*Ascocentrum* x *Renantheraa*
▸ Renanetia (Rnet.)	*Neofinetia* x *Renanthera*
▸ Renanstylis (Rnst.)	*Renanthera* x *Rhynchostylis*
▸ Rhynchocentrum (Rhctm.)	*Ascocentrum* x *Rhynchostylis*
▸ Rhynchovanda (Rhv.)	*Rhynchostylis* x *Vanda*
▸ Vandaenopsis (Vdnps.)	*Phalaenopsis* x *Vanda*
▸ Vandeweghara (Vwga.)	*Ascocentrum* x *Doritis* x *Phalaenopsis* x *Vanda*
▸ Vandofinetia (Vf.)	*Neofinetia* x *Vanda*
▸ Vascostylis (Vasco.)	*Ascocentrum* x *Rhynchostylis* x *Vanda*

Cultiver les Orchidées

Arrosage et substrat

L'arrosage

Arroser correctement est le b-a-ba de la culture des orchidées. Choisissez un emplacement adéquat dans vos pièces. Pour faire le bon choix, prenez connaissance, avant l'achat, des besoins en quantité, qualité et rythme d'arrosage de votre protégé.

La qualité de l'eau

En raison de leur mode de vie épiphyte, les orchidées sont habituées à ne recevoir que de l'eau de pluie. Les hybrides pour la maison ne sont plus aussi exigeants, néanmoins il ne faut pas négliger la qualité de l'eau. Si l'eau est très dure (calcaire), elle doit être mélangée, au moins pour moitié, avec de l'eau distillée. L'eau distillée pure est mauvaise car elle ne contient plus de minéraux. L'eau des puits est trop polluée la plupart du temps. L'eau de pluie d'un toit propre est la meilleure. Après une longue période de temps sec, on doit jeter la première eau car elle contient trop d'impuretés.

À quelle fréquence arroser ?

En moyenne un arrosage par semaine suffit. Malgré tout, le substrat doit avoir séché avant d'être réarrosé. Les petits pots d'un diamètre inférieur à 9 cm sèchent en général très vite ; ils doivent être arrosés jusqu'à deux fois par semaine. Les pots plus gros retiennent l'eau largement plus longtemps et il est suffisant parfois de ne les arroser qu'une fois toutes les deux à trois semaines. Si on ne peut pas apprécier l'humidité du substrat, on peut l'estimer au poids du pot.

Ce qu'il faut savoir sur le substrat

Stocker le substrat pour orchidées en sac ouvert ou aéré. Il peut se conserver presque indéfiniment. Ouvrir le sac, percer de petits trous dedans, ou le verser dans un seau.

L'utilisation d'un seul substrat est nettement plus facile que l'utilisation de substrats différents. Si vous en êtes satisfait, n'en changez plus.

Attention à l'arrosage : un substrat neuf retient moins l'eau qu'un substrat ancien. Arrosez plus souvent les quatre premières semaines.

Ne pas remélanger les substrats usagés.

Ne pas conserver les substrats qui, mal stockés, sont détrempés ou qui à cause de l'humidité ne sont plus suffisamment aérés.

Arroser ou immerger ?

Beaucoup d'amateurs baignent leurs plantes régulièrement. Tout se passe bien jusqu'à ce qu'une plante malade infecte toutes celles qui sont baignées après elle. De plus, les éléments nutritifs lessivés se concentrent dans l'eau d'écoulement. Il est donc important de toujours arroser les plantes par le haut. L'eau qui s'écoule n'est en aucun cas réutilisée.

Le substrat idéal

Les orchidées ne doivent pas être plantées dans du terreau. Un substrat pour orchidée doit remplir les fonctions suivantes : maintenir la plante stable, garder un peu d'humidité, être pauvre en sels minéraux et permettre une bonne circulation de l'air. Les mélanges pour orchidées sont très différents. Des bois tropicaux comme le Méranti ont été essayés avec plus ou moins de succès. Aujourd'hui, pour des problèmes de coût, on travaille chez beaucoup d'horticulteurs avec la fibre de coco. Toutes ces matières ont le gros défaut de se décomposer trop vite. Une décomposition rapide équivaut à un compostage et le compost est très riche en matières nutritives. L'utilisation de ces éléments conduit à long terme à la salinisation du substrat et provoque la mort des racines. Un mélange d'écorce et de tourbe d'Ecosse ou du Chili a fait ses preuves. Les deux composants ont une bonne stabilité de structure, ils ne se décomposent que très lentement. La mousse de tourbière (sphagnum) n'est pas adaptée car elle se décompose en six à neuf mois.

Bien arroser

- **En cas de doute,** mieux vaut ne pas arroser. Si une orchidée reste sèche, elle pourra se régénérer à l'arrosage. Si les racines pourrissent, la plante ne peut plus boire et meurt.

Arroser correctement : moins souvent mais complètement.

Où trouver un bon substrat ?

La qualité d'un bon substrat est aussi liée à son stockage. Beaucoup de mélanges sont en effet adaptés pour les orchidées mais sont mal stockés. Ils sont enfermés dans des sacs en plastique qui condensent l'humidité ; Le processus de décomposition commence dans le sac. Achetez votre substrat chez un horticulteur qui cultive lui-même des orchidées ou commandez-le sur place. Économiser sur le substrat, c'est économiser à mauvais escient.

Engrais et humidité de l'air

Les soucoupes de jardinières facilitent les soins, augmentent l'humidité de l'air.

Fertiliser correctement

Bien que les orchidées ne soient pas gourmandes, compte tenu de leurs origines, elles ont un besoin régulier de nutriments mais à de faible concentration. On l'achète en général en petites quantités mais qui ne conservent pas éternellement.

▸ **Qu'est-ce qu'un engrais orchidée ?** Les orchidées ont besoin des mêmes nutriments que les autres plantes. Comme elles sont épiphytes, elles ne sont pas habituées à trouver leur nourriture en quantités. On ne doit pas utiliser un engrais à base de sels minéraux ou seulement très dilué. Les engrais à base de Chélate sont largement meilleurs. Les sels nutritifs sont enrobés de Chélate (une combinaison d'albumine). Ces engrais ne se concentrent pas dans le substrat et il n'y a pas de risque de surdosage.

▸ **Que contient un engrais orchidées ?** Un engrais orchidées doit contenir les éléments de base : de l'azote (N) du phosphore (P), du potassium (K) dans un rapport de 2 : 1 : 1. il doit aussi contenir des oligo-éléments : du fer (Fe), du magnésium (Mg), du zinc (Zn), de l'étain (Sn), et du manganèse (Mn).

▸ **Quelle quantité utiliser ?** Les dilutions d'utilisation sont indiquées sur l'emballage. En cas de doute ou

Engrais-floraison ?

› **Très souvent,** on propose dans le commerce un engrais floraison pour les orchidées. Celui-ci ne provoque pas la floraison. C'est un bon complément à l'emploi d'un engrais croissance, mais superflu quand on emploie un engrais complet.

de cristallisation, ne pas dépasser les concentrations indiquées. Mieux vaut fertiliser peu mais régulièrement.

L'humidité atmosphérique

Quand on pense orchidées, on pense souvent à de l'air chaud et humide. C'est vrai pour beaucoup d'orchidées, mais nos orchidées d'intérieur sont moins exigeantes.

▸ **De quel taux d'humidité a besoin une orchidée ?** L'humidité relative de l'air dans un appartement chauffé est d'environ 60 %. Cela suffit pour les orchidées. Dans des logements au chauffage par le sol, l'humidité peut être moindre, ce qui peut être préjudiciable aux orchidées.

▸ **Doit-on vaporiser les orchidées ?** Ce n'est pas indispensable, quelquefois dommageable. On ne doit absolument pas mouiller les fleurs. Les orchidées sont actives le matin et le soir, quand la rosée se forme dans la nature. C'est là que l'on peut pulvériser le dessous des feuilles. Le dessus est protégé d'une couche de cire (cuticule). En dessous des feuilles se trouvent les ouvertures pour la respiration (stomate) qui laissent passer l'air et aussi l'eau.

▸ **Comment augmenter l'humidité de l'air ?** Les cache-pots doivent être choisis de grandes dimensions et leurs fonds recouverts de graviers pour que les plantes ne baignent pas dans l'eau. Le trop plein d'eau peut s'évaporer par le côté. Le mieux est encore de grandes soucoupes de jardinières remplies d'eau, tendues d'une grille sur lesquelles les plantes sont posées.

L'humidité idéale

Une humidité trop faible conduit au développement des trips, des acariens et des araignées rouges sur les plantes. Elle favorise l'invasion des cochenilles.

Trop peu d'humidité de l'air provoque la chute des boutons floraux et des fleurs fanant trop vite, mais n'est pas responsable de l'apparition de parties sèches sur les feuilles.

Le manque d'humidité entraîne le dessèchement de l'extrémité des racines, et une croissance en accordéon chez les *Odontoglossum*.

Trop d'humidité peut provoquer des maladies des feuilles comme des bactérioses et des pourritures. Des maladies sur les fleurs par des moisissures (*botrytis*) sont possibles.

Avec une trop forte humidité, les plantes sèchent trop doucement avec pour conséquence des dégâts par stagnation dans l'eau.

La lumière idéale

Sans lumière suffisante, aucune plante ne peut pousser. Beaucoup d'orchidées poussent haut dans les arbres et sont exposées aux rayons du soleil. D'autres poussent en forêts tropicales et sont protégées du soleil par l'ombre des feuilles. Ces conditions naturelles sont à observer aussi en culture.

▸ **À quelle distance des fenêtres doit-on installer les plantes ?** Les orchidées ne doivent pas être installées à plus d'un mètre des fenêtres. La table du salon est très souvent trop sombre. Par contre, certaines orchidées monopodiales (*Catteya, Paphiopedilum, Dendrobium*) peuvent rester quelques jours au centre de la pièce, pendant la floraison. Quand les nouvelles pousses se développent, elles doivent impérativement regagner la proximité des fenêtres.

▸ **Doit-on tourner les orchidées vers la lumière ?** Les feuilles des plantes se tournent naturellement vers la lumière. Si on tourne la plante, ses feuilles devront sans cesse se réorienter vers la lumière. Cela lui demande tellement d'énergie qu'elle ne fleurira pas.

▸ **Quelle quantité de lumière doit recevoir une orchidée ?** La réponse générale est : autant que possible tant que la plante ne brûle pas. Dans la variété des orchidées, il y a celles qui ont besoin de beaucoup de lumière et celles qui au contraire en ont besoin de moins. Des fenêtres orientées au soleil du matin ou du soir (est ou ouest) sont adaptées pour presque toutes les orchidées. Le soleil d'avant 11 heures du matin et d'après 15 heures est supporté par la plupart des orchidées. Il n'y a que certaines plantes qui sont adaptées à

Quelle lumière pour quelle orchidée ?

Testez votre lumière et recherchez l'orchidée correspondante.

Pour une fenêtre nord d'une pièce normalement chauffée les orchidées suivantes sont conseillées : *Miltonia*, *Paphiopedilum* à feuillage marbré, *Odontoglossum* et alliés, *Coelogyne*, *Rossioglossum*, *Masdevellia* (seulement certains), hybrides de *Dendrobium-nobile*.

Pour une fenêtre est ou ouest dans une pièce chauffée normalement, les orchidées suivantes sont adaptées dont : *Miltonia*, *Paphiopedilum* (feuillage marbré ou vert), certains *Odontoglossum*, *Phalaenopsis*, hybrides de *Dendrobium-nobile*, *Dendrobium-antilope*, hybrides de *Dendrobium-phalaenopsis*, *Cattleya*.

Pour une fenêtre sud d'une pièce chauffée normalement, les orchidées suivantes sont adaptées : *Phalaenopsis*, *Cattleya*, *Vanda* et alliés, *Dendrobium-antilope*, hybrides de *Dendrobium-phalaenopsis*.

Avec un peu d'imagination, les orchidées se cultivent partout.

une orientation nord. Pour la plupart des espèces gourmandes en lumière, l'intensité n'est pas suffisante pour permettre le développement de nouvelles fleurs. Les feuilles deviennent très grosses, molles et sont sensibles aux maladies.
Côté sud, toutes les orchidées peuvent séjourner de septembre à mai. De mai à fin août, les orchidées pour la mi-ombre devront obligatoirement trouver une nouvelle place. Pendant l'été si un arbre ou l'avancée d'un toit ne donnent pas d'ombre, les orchidées devront être protégées du rayonnement solaire.

▸ **Les plantes s'habituent-elles à la lumière?** Les plantes ont une couche protectrice sur la face supérieure des feuilles (la cuticule). Elle leur donne leur brillance. Si les mois février, mars, avril sont bien ensoleillés, cette couche se renforce et les feuilles sont relativement bien protégées contre les brûlures. Après un printemps nuageux, la cuticule est faiblement formée. Les premiers soleils de mai provoquent alors des dégâts irréversibles sur les plantes.

L'important sur la lumière

› **Si vous achetez une orchidée** chez un producteur, l'endroit où elle se trouve en dit long sur ses besoins. L'horticulteur met toujours une plante là où elle pousse le mieux.

Rempotage

Rempoter une orchidée monopodiale

La période principale pour le rempotage des orchidées s'étend d'avril à septembre. On ne doit plus rempoter d'octobre à mars. Les orchidées monopodiales ne sont pas rempotées comme les orchidées sympodiales.

Les plantes en fleur ne doivent pas être rempotées. En cas de nécessité, la hampe florale sera coupée. Cela repose la plante qui vous remerciera plus tard d'une floraison généreuse. En général et selon le substrat, on rempote tous les deux ans.

1

Il faut rempoter quand le substrat se décompose ou que la plante produit des racines aériennes qui débordent du pot. L'orchidée doit être arrosée trois à quatre jours avant le rempotage. Les racines se cassent facilement si elles sont trop sèches. Le pot est compressé avec énergie de telle façon que les racines collées au bord se détachent. La plante se dépote alors avec sa motte de racines.

2

Les racines sont débarrassées de l'ancien substrat. Tout doit être enlevé. Les racines faibles ou molles sont coupées. Les restes de feuilles sèches sont nettoyés. Si les racines sont nombreuses, les plus vieilles peuvent aussi être enlevées. La plante ainsi nettoyée est placée au centre d'un nouveau pot. La base des racines doit se trouver à environ un centimètre sous le bord du pot.

3

Dans la plupart des cas, on n'utilise pas de pot de diamètre supérieur. Le nouveau substrat est glissé délicatement entre les racines. On peut s'aider des doigts, d'un petit bâton ou en tapotant le pot. Toutes les racines doivent être recouvertes par le substrat. Après le rempotage, on n'arrose pas pendant une journée, et on ne fertilise pas pendant quatre semaines. Les racines poussent mieux quand elles ont « faim ».

Rempoter une orchidée sympodiale

1

Les orchidées sympodiales doivent aussi être rempotées à partir d'avril, mais seulement après l'apparition des nouvelles racines. Les premiers gestes sont les mêmes que pour le rempotage des orchidées monopodiales. Les racines sont nettoyées de l'ancien substrat et les plus vieilles ou endommagées sont coupées. Les feuilles et enveloppes sèches des bulbes sont enlevées délicatement. Quand la motte de racines est importante, on peut supprimer les racines des pousses les plus anciennes. Les plantes importantes ne sont divisées que lorsqu'elles se dédoublent seules. Les segments devront toujours posséder trois à quatre « bulbes arrières » et une nouvelle pousse.

2

La plante nettoyée est placée au centre du pot. Les anciens bulbes sont placés contre le bord du pot. Deux nouvelles pousses au minimum doivent trouver leur place dans le pot. Les racines aériennes sont mises également dans le pot. Il n'est pas indispensable de choisir un pot plus grand. Dans un grand contenant, il faut une couche de drainage en polystyrène. Le nouveau substrat est mis entre les racines et tassé avec la main pour éviter les espaces vides. On peut s'aider en tapotant le pot et en s'aidant des doigts. Toutes les racines doivent être recouvertes de substrat.

3

Paphiopedilum, Miltonia, Odontoglossum et leurs alliés doivent être rempotés profondément : la base des racines est recouverte de 1 ou 2 cm de substrat. *Cattleya* et *Dendrobium* sont rempotés de telle façon que le rhizome ne soit pas recouvert de substrat. S'ils étaient recouverts, les yeux dormants (bourgeons) pourriraient et ne pousseraient pas. Les plantes seront tuteurées : les plantes stables reprennent mieux. Après le rempotage, les plantes ne seront pas arrosées pendant au minimum une journée, pour que les coupures ou les blessures puissent sécher. Pour la formation des nouvelles racines, pas d'engrais pendant trois semaines.

Tailler et diviser

Diviser une orchidée monopodiale

Une division est rarement nécessaire. Certains genres comme les *Doritis* ou les *Vanda* et tous leurs alliés produisent, avec le temps, de nombreux jeunes plants à leur base. Quand ils sont suffisamment gros et ont émis leurs propres racines, ils peuvent être coupés au sécateur et plantés.

Diviser une orchidée sympodiale

Nombre de ces orchidées produisent chaque année plusieurs nouvelles pousses. Avec le temps, les plantes se ramifient et se divisent d'elles-mêmes lors du rempotage. On les rempote alors individuellement.
Les *Dendrobium, Cattleya* et *Cymbidium* peuvent devenir très gros avec le temps et nécessiter de la place qu'on n'a pas toujours. On peut les diviser en plusieurs morceaux. On commence par dépoter la plante et la nettoyer. D'une nouvelle pousse, on compte trois à quatre bulbes anciens (sans nouvelle pousse) et on coupe. Les segments avec des pousses nouvelles reprennent en général sans problème. Les segments sans bourgeon reprennent quelquefois.

La formation de rejet

Les *Phalaenopsis* et les *Dendrobium* forment leurs rejets (keikis) de façon singulière. Chez *Phalaenopsis,* ils doivent avoir des feuilles de 10 cm et deux à trois racines de 5 cm pour être coupés et rempotés. Les rejets des dendrobium doivent avoir au minimum deux bulbes et quelques racines pour être séparés prudemment de la tige principale et rempotés. Couvrez seulement les racines et tuteurez la plante pour une meilleure stabilité. Les rejets reprennent mieux au printemps.

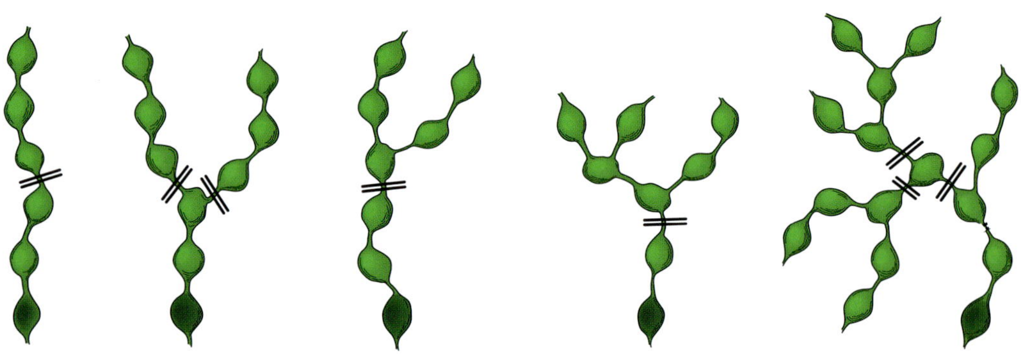

Différentes possibilités pour diviser une orchidée sympodiale.

Pour la culture, on a besoin de peu d'outils.

Le matériel nécessaire

‣ **Le sécateur** Un sécateur affûté pour couper est l'outil le plus important pour les orchidées. Il doit être toujours affûté et avoir une longue pointe. Cela facilite les coupes dans les endroits difficilement accessibles.

‣ **Les tuteurs en rotin.** Les tuteurs en rotin ou en bambou sont importants pour soutenir les hampes florales et stabiliser les plantes après le rempotage. Ils sont proposés en couleur naturelle, verte ou marron. Les bruns sont recouverts de cire et donc plus durables. On trouve ces derniers temps des tuteurs de verre qui, par leur forme, peuvent aussi soutenir les bourgeons et sont très décoratifs.

‣ **Clips et attaches** Pour fixer la plante ou la hampe florale au tuteur, on a besoin de clips. On doit faire attention qu'ils soient doux et souples pour qu'ils n'endommagent pas les parties des plantes qu'on attache.

‣ **Les pots** Les pots plastiques sont dans tous les cas meilleurs que les pots en terre. Les pots transparents sont populaires. Ils permettent un bon contrôle de l'humidité du substrat. Malheureusement il s'y forme des algues. Devant une fenêtre très lumineuse, des pots plastiques rouges ou blancs sont préférables. Les pots noirs peuvent devenir brûlants au soleil.

‣ **Les tablettes grillagées** Elles permettent des soins sans souci. Les plantes restent au-dessus de la surface de l'eau. Le trop plein de l'eau d'arrosage y coule et le chauffage l'évapore créant une humidité bienvenue. Les bricoleurs de génie peuvent se fabriquer les cadres eux-mêmes.

À savoir pour le rempotage et la division

› **La reprise des plantes** fraîchement rempotées ou divisées peut être favorisée par une brumisation, le matin et le soir, de la partie inférieure des feuilles. Cela empêchera les plantes de se dessécher, car ce sont les heures pendant lesquelles les plantes absorbent le mieux l'humidité.

Saviez-vous...

...que les plus anciennes représentations d'orchidées datent de 200 ans av. JC en Chine ?

...que la première exploitation horticole d'orchidées a été fondée à Londres par CONRAD LODDIGES en 1812 ?

...que la révolution dans la multiplication des orchidées est basée sur les travaux de l'horticulteur KNUDSON sur la multiplication du maïs albinos ?

...que les orchidées peuvent devenir multicentenaires ? On ne connaît pas précisément leur longévité, mais des orchidées datant du XIXe siècle sont toujours sur le marché.

...que certaines orchidées (*Aerangis, Angreacum*) ne sont fertiles que par pleine lune, alors qu'elles restent en fleur plusieurs semaines ?

...que la totalité de la surface de la terre, les océans compris serait recouverte d'orchidées en l'espace de deux générations, si la totalité des graines germait ?

...que la bière est un bon produit d'entretien pour les feuilles ? Frottez les feuilles avec un peu de bière appliquée sur un chiffon, elles brillent déjà !

...que certaines orchidées dégagent un parfum envoûtant, alors que d'autres pollinisées par des mouches sentent vraiment mauvais ?

...que les fleurs d'*Ascochilopsis myosuroides* sont aussi petites qu'une pointe d'épingle ?

...que *Rhizanthella gardneri*, une orchidée miniature australienne, pousse et fleurit sous terre ?

...que le Phalaenopsis est la plante fleurie la plus produite en Europe avec 12 millions d'exemplaires par an ?

...que le développement des caisses de transport du Britannique WARD permit non seulement le transport de milliers d'orchidées au-delà des océans, sans dégât, mais aussi la réussite du transport des plants de thé et de caoutchouc ?

...que vers 1800 un transport de plante des Caraïbes vers l'Angleterre prenait deux mois, et six mois d'Asie du sud-est ?

...qu'on produit à partir d'une espèce mexicaine de *Laelia* une sorte de matière collante qui est utilisée par les pâtissiers pour l'élaboration de sculptures comestibles ?

...que le salep, une poudre issue des *Orchis*, des *Dactylorrhiza* et des *Ophrys*, est utilisée en Turquie non seulement comme aphrodisiaque, mais aussi pour épaissir les préparations à base de blanc d'œuf ?

La fleur de Brassia ressemble à une araignée. On l'appelle aussi « l'orchidée araignée ».

...que les graines de certaines orchidées d'Amérique centrale auraient des effets hallucinogènes ?

...qu'on rapporte des effets aphrodisiaques de *Vanilla* ?

...qu'au Mexique les bulbes creux de *Schomburgkia* sont utilisés comme instrument de musique ?

...que les orchidées ne tiennent pas une place importante dans la médecine traditionnelle qu'en Chine ? Au XVe siècle en Europe, l'*Orchis militaris* était utilisé comme plante médicinale.

...que L'*Eulophia roempleriana* produit une hampe florale dressée de plus de 3 mètres ?

...que *Paphiopedilum sanderianum* et *Phragmidedium caudatum* sont déjà dans le « guiness des records » avec des pétales de plus d'1,50 m de longueur ?

Insectes et nuisibles

Si belles soient les orchidées, il y a toujours des « profiteurs » qui ne se contentent pas d'admirer les fleurs.

Les parasites sont souvent introduits avec une nouvelle plante. Il faut bien les contrôler. Certains clandestins se cachent à l'aisselle des feuilles ou dans les enveloppes sèches des bulbes.

Culture bien tenue-plantes résistantes

Les plantes en pleine santé ne sont pas atteintes comme des plantes malmenées. Il faut bien surveiller les exemplaires malingres. La mouche du terreau trouve un milieu optimal dans le substrat humide et décomposé : il faut rapidement rempoter. Par peur d'introduire de nouveaux parasites, certains amateurs rempotent les plantes directement après l'acquisition. Cela peut avoir des inconvénients : si la plante est en période de repos, son alimentation sera perturbée et la plante fragilisée. De l'air trop sec, pas assez d'engrais ou un engrais incomplet, un rempotage tardif sont des causes fréquentes d'envahissement.

Lutter, mais comment ?

On trouve encore peu de produits efficaces pour l'amateur. Les produits proposés sont composés d'une matière active mélangée avec une base huileuse. Il ne faut en aucun cas traiter toute la plante mais uniquement les parties atteintes ! Traiter toutes les surfaces peut provoquer l'obstruction des cellules de respiration à l'envers des feuilles et le froid de l'évaporation peut provoquer des dégâts non souhaités.

Cochenilles farineuses

- **Biologie :** les cochenilles se protègent à l'aide d'une sécrétion cireuse. Elles se cachent profondément à l'aisselle des feuilles ou sous les parties mortes. Les invasions de cochenilles commencent très souvent sur la tige ou dans les fleurs et se développent rapidement en masse.
- **Dégâts visibles :** Tâches claires sur la face supérieure des feuilles, chute des boutons de fleurs, salissures par les excrétions, apparition secondaire de fumagine.
- **Lutte biologique :** Des guêpes inoculatrices et une coccinelle australienne les éliminent en dévorant les larves et en parasitant les adultes. Elles ont besoin néanmoins d'une température constante entre 24 et 27 °C pour se développer optimalement. Elles ne détruisent pas toutes les espèces de cochenilles farineuses.

Cochenilles à bouclier

▸ Biologie : Les cochenilles à bouclier sont de petits insectes qui ont différentes apparences selon leur stade de développement. Au stade juvénile, elles sont encore mobiles et les adultes se fixent par succion. Les cochenilles à bouclier se protègent par un couvercle ou une coque. Elles sont difficiles à combattre.

▸ Dégâts visibles : Tâches claires sur la face supérieure des feuilles, chute des boutons de fleurs, salissures par les excrétions, fumagine (voir cochenilles farineuses), décrépitude apparente.

▸ Lutte biologique : Des guêpes inoculatrices et une coccinelle australienne (voir cochenilles farineuses). Il faut identifier avec précision l'espèce pour trouver le prédateur adapté.

Limaces

▸ Biologie : Les limaces comme les escargots peuvent par leur appétit provoquer de gros dégâts aux orchidées. Elles mesurent de quelques millimètres à plusieurs centimètres.

▸ Dégâts visibles : Alors que la journée elles se cachent, elles peuvent laisser des traces baveuses de leurs activités nocturnes. Les boutons floraux, les fleurs, les feuilles et les racines sont sur leur menu.

▸ Lutte biologique : De nombreux moyens : recherche la nuit à la lampe de poche, granulés et élimination directe sur demi-pomme ou pomme de terre, également pièges à bière. Une lutte par des prédateurs naturels n'est pas connue.

Araignées rouges

▸ Biologie : minuscules, seulement 0,2 mm, la plupart du temps sous les feuilles. Elles sont appelées araignées rouges en raison de leur forme à l'un des stades de développement. Les bestioles piquent la feuille et aspirent la sève. Développement optimal par des températures supérieures à 25 °C et avec l'air sec des chauffages. Diffusion le plus souvent par les courants d'air.

▸ Dégâts visibles : A l'envers des feuilles, à cause de l'aspiration de la sève, les cellules vides paraissent argentées. Elles finissent par sécher.

▸ Lutte biologique : Elles peuvent être combattues par une espèce d'acarien. En prévention on prendra soin d'augmenter l'humidité ambiante et de pulvériser le dessous des feuilles. Évitez les courants d'air !

Les maladies des orchidées

À côté des insectes et araignées connus, il y a une série d'agents pathogènes qui rendent la vie difficile aux amateurs d'orchidées. La plupart de ces agents sont des « parasites de faiblesse » qui se développent après une erreur de culture. Jusqu'à un certain stade, la plante peut se défendre seule contre ces attaques. Si la pression devient trop forte, les maladies peuvent provoquer de gros dégâts. C'est pourquoi une des principales mesures de lutte est une conduite ordonnée de la culture. Dans le même temps, les conditions doivent être réunies pour que les champignons, bactéries et virus ne puissent pas s'installer.

Plutôt prévenir que guérir

L'hygiène est essentielle. En plus de la propreté de base et le lavage des mains après le travail sur les plantes, il y a aussi le nettoyage des pots et des outils. L'eau et le substrat ne doivent jamais être réutilisés. Les parties mortes ou fanées sont à éliminer de suite. Les plantes doivent être cultivées sans stress. Les extrêmes doivent être évités. Beaucoup de maladies ont augmenté avec la meilleure isolation des fenêtres qui génère une diminution de l'arrivée d'air frais. Les bactérioses et les viroses ne sont devenues un problème croissant qu'avec le développement de la production « in vitro » des plantes à partir de tissus. Les agents pathogènes aiment principalement les grandes densités de plantes, l'humidité trop forte ou trop faible, les températures trop fraîches ou trop hautes et les substrats toujours humides. Si on élimine les conditions de développement de ces organismes, les plantes se sentent mieux et peuvent leur tenir tête.

Viroses

▸ Biologie : Les virus sont des organismes microscopiques. Ils se multiplient dans les cellules de leurs hôtes. Souvent, les symptômes n'apparaissent chez les plantes qui sont atteintes par un virus, que lorsqu'elles sont sujettes à un stress dû à une erreur de culture.

▸ Dégâts visibles : Au premier stade, on reconnaît la présence d'un virus à des colorations pointillées ou allongées sur les feuilles. Plus tard, la totalité de la feuille peut être atteinte. Souvent, d'autres maladies suivent qui rendent difficile l'identification. Selon le virus, les jeunes ou les vieilles feuilles sont attaquées.

▸ Lutte : Les plantes cultivées de façon satisfaisante résistent aux virus. Il n'y a pas de lutte chimique possible. Les virus sont transmis par les insectes et les outils de taille.

Bactéries

▸ Biologie : Les bactéries sont des êtres vivants petits, souvent monos cellulaires, qui peuvent entrer dans la plante par des blessures ou fissures. Elles ont besoin de températures très chaudes ou trop fraîches.

▸ Dégâts visibles : Les bactéries provoquent des pourritures humides qui apparaissent sur différentes parties de la feuille et s'élargissent lentement. Si le cœur de la plante est touché, elle est perdue. Souvent des bactérioses différentes attaquent simultanément.

▸ Lutte : Les produits chimiques ne sont pas disponibles pour l'amateur. Pour une bonne conduite de culture, il faut faire attention à l'équilibre de l'engrais, à l'aération, éviter les densités trop importantes, l'humidité stagnante et les gouttes d'eau. Couper les parties atteintes ne change pas grand-chose.

Maladies fongiques

▸ Biologie : Les champignons endommagent les plantes par des excrétions ou la croissance des mycéliums. Les parties touchées deviennent molles, sombres et blettes. Les tâches des champignons sur les feuilles sèchent avec le temps.

▸ Dégâts visibles : On rencontre souvent sur les racines une pourriture rouge (*Fusarium*) ou brune (*Pythium*). Sur les tiges, ce sont des champignons des genres *Sclerotium*, *Rhizoctonia* et *Phytophtora*. Sur les feuilles et les fleurs, on trouve *Colletotrichum* et *Botrytis*.

▸ Lutte : donner à la plante rapidement de meilleures conditions de culture, pour qu'elle croisse de nouveau sainement. Eventuellement, rempotez et supprimez les parties atteintes. Évitez l'humidité stagnante et les gouttes d'eau, aérez.

Brûlures

▸ Biologie : Après une exposition longue au soleil, les feuilles se colorent plus ou moins en « rouge ». Après une exposition brutale, les cellules meurent et ne peuvent plus se régénérer.

▸ Dégâts visibles : Quand les feuilles rougissent, elles peuvent régénérer leur chlorophylle et reverdirent. Quand elles sont plus gravement brûlées, les feuilles deviennent molles et blettes. Avec le temps les zones brûlées sèchent et deviennent blanches avec une bordure noire.

▸ Lutte : Quand la feuille est brûlée, il n'y a plus rien à faire. On peut uniquement éviter les brûlures en préparant le feuillage progressivement au soleil par l'ombrage et l'aération.

Les erreurs de culture les plus fréquentes

Arrosage

Je donne un petit verre d'eau chaque semaine en arrosage.

Cette façon d'arroser ne pose pas de problème un ou deux ans, puis les réserves de l'orchidée sont épuisées et la plante dessèche.

Pendant les vacances, mon voisin a arrosé mes plantes, depuis elles dépérissent.

Les voisins s'occupent des plantes de façon très intense, de façon qu'on puisse voir directement qu'ils s'en sont occupés. C'est pourquoi beaucoup d'orchidées baignent au retour dans plusieurs centimètres d'eau et les racines sont pourries.

J'arrose avec de l'eau de pluie. C'est bien ?

Si l'eau de pluie est récupérée d'un toit propre et ne stagne pas dans un tonneau, oui. De l'eau avec des déchets végétaux ou qui stagne longtemps ne doit plus être utilisée. La plupart des hybrides peuvent être arrosé avec l'eau du robinet qu'on aère une journée. Pour certains hybrides fragiles, on peut mélanger l'eau de secteur avec de l'eau distillée ou utiliser de l'eau de pluie.

Les orchidées ont besoin de peu mais de soin précis.

Les fleurs

Ma plante ne fleurit plus, pourquoi ?

Les plantes sont souvent plus éloignées des fenêtres que ce qu'elles peuvent supporter. Certaines sont trop fertilisées et de ce fait ne peuvent plus fleurir.

Les bourgeons tombent ou les fleurs ne s'ouvrent pas complètement.

Les causes possibles sont les courants d'air ou un niveau de CO_2 important dans l'air de la pièce (bougies, cheminée). L'évaporation du gaz éthylène de fruits stockés à proximité fait chuter les bourgeons.

Fertilisation

Dois-je vraiment fertiliser mes orchidées ?

À long terme, on ne peut pas attendre d'une orchidée qui vit plusieurs années, qu'elle fleurisse régulièrement et généreusement, sans lui donner d'engrais.

J'ai acheté de l'engrais à fleur car mon orchidée ne fleurit plus. Est-ce utile ?

On n'a jamais fait de lien entre l'engrais et l'induction florale chez les orchidées. L'induction est provoquée par la durée du jour, les baisses de température, une grosse différence entre le jour et la nuit ou une période de sécheresse.

Je fertilise avec le marc de café et les sachets de thé. Est-ce suffisant ?

Un bon engrais orchidée avec oligoéléments contient tout ce dont une orchidée a besoin pour rester saine. Le danger de ce truc de « bonne femme » est d'être trop riche en matières organiques ou de retenir trop d'humidité dans le sol.

Rempotage

Est-ce que je peux rempoter une orchidée pendant sa floraison ?

Non, les fleurs tomberont. Si vous n'avez pas le choix, il faut couper les fleurs pour stimuler la plante à en produire de nouvelles.

Dois-je arroser la plante après le rempotage ?

Non, les coupures ou les cassures ont besoin d'un ou deux jours pour sécher et éviter l'infection par les maladies.

Dois-je fertiliser après le rempotage ?

Non, pour pousser plus vite, les racines doivent être dans une situation de « manque ».

Par peur d'une infection de parasite, j'ai rempoté mon orchidée directement après l'achat. J'ai eu raison ?

Si vous achetez une plante fleurie, il faut rempoter après la floraison. Si vous achetez une plante non fleurie, faites attention au rythme de croissance.

Tailler une partie d'une plante

J'ai coupé les vieilles plantes. J'ai eu raison ?

Non, de manière générale, on ne coupe pas ce qui est vert, sain ou ce qui vit encore. Les plantes ont besoin des parties anciennes comme réserve. Les parties inutiles ou les vieilles pousses desséchées tombent d'elles-mêmes.

J'ai coupé la hampe florale de mon Phalaenopsis au-dessus du troisième œil. C'est bien ?

En principe, oui. Il faut faire attention de bien reconnaître le dernier œil car parfois on coupe au-dessus du quatrième et la stimulation de la floraison est plus longue et fatigante pour la plante. Prenez la hauteur totale de la plante et coupez au-dessus de l'œil du milieu. Certains *Phalaenopsis* ne doivent pas être coupés du tout. Renseignez-vous à l'achat.

SPÉCIAL

Calendrier des soins

Janvier

▸ La sécheresse de l'air qui naît de la chaleur des chauffages doit être compensée par l'installation de tablettes d'évaporation. Les plantes avec des boutons floraux peuvent souffrir de l'obscurité et les perdent. Les genres suivants doivent être en repos végétatif : *Cattleya, Laelia, Lycaste, Odontoglossum*, certains *Coelogyne, Dendrobium* et *Paphiopedilum*. La durée de cette pause est différente pour chaque plante.

Février

▸ L'apparition des boutons et des bourgeons marque chez les orchidées la fin du repos végétatif et le début du printemps. Selon la lumière, les premières pointes vertes des racines se laissent entrevoir. Installez les plantes à la lumière.

Mars

▸ Les bouts des racines verdissent, les racines commencent à jouer leur rôle. La plupart des orchidées sortent de leur pause hivernale. Les jours sont nettement plus longs et le soleil gagne en puissance quotidiennement. On peut déjà fertiliser de nombreuses plantes. La fréquence des arrosages doit de nouveau augmenter pour beaucoup d'orchidées sympodiales.

Avril

▸ Fertilisez à partir de maintenant régulièrement : les plantes ont envie de grandir, les nouvelles pousses grandissent sensiblement. On fertilise avec un engrais au Chélate dilué à chaque arrosage et avec un engrais chimique toutes les deux à trois semaines. Pour les concentrations, se reporter à l'emballage, à la taille et au stade de développement des plantes. Après un hiver sombre, à un emplacement très lumineux, le soleil peut provoquer des brûlures sur les nouvelles feuilles qui développent maintenant leurs couches protectrices. Éloignez les plantes du soleil direct ou ombrez un peu. C'est le moment de rempoter.

Mai

▸ Une croissance généreuse est le maître mot du moi de mai. Le rempotage doit être terminé à temps. Fertiliser sans exception. Par temps ensoleillé, les plantes sensibles doivent être ombragées. Après les Saints de glace, beaucoup d'orchidées retrouvent leur emplacement estival au jardin ou sur le balcon.

Juin, Juillet, Août

▸ Brûlures, coups de chaleur et excès d'arrosage des voisins pendant les vacances peuvent être dangereux pour les plantes dehors ou sous abris pendant ces mois. Dehors, attention à la grêle. Avec la différence des températures entre le jour et la nuit, toutes les conditions sont réunies pour l'induction florale de beaucoup d'espèces. Si les espèces à racines fines ne doivent pas ou pas complètement sécher, les espèces à racines charnues doivent sécher complètement. Les plantes se développent jusqu'à leur maturité en automne.

Septembre

▸ Le rempotage doit être exclu après fin septembre. Les jours deviennent courts. Les plantes étant sensibles aux rosées, il faut les rentrer à la maison. On réduit lentement les doses d'engrais. Les orchidées sympodiales arrivent à maturité. Pour que les plantes se développent parfaitement, elles doivent recevoir autant de lumière que possible. Les grandes différences jour nuit peuvent toujours chez certaines orchidées aider à l'induction florale.

Octobre

▸ La maturité chez les orchidées sympodiales est atteinte ce mois-ci. On fertilise encore légèrement les genres *Phalaenopsis* et *Paphiopedilum*. Les dernières plantes doivent être rentrées du jardin. C'est le début de la période de l'année où l'on doit vraiment faire attention aux différentes exigences des orchidées.

Novembre, Décembre

▸ Le repos végétatif commence pour certaines orchidées, induit par les jours pauvres en lumière. On ne doit absolument plus rempoter. Pour ces plantes, la température et l'arrosage doivent être réduit. Pour les jeunes plantes, un éclairage d'appoint est conseillé. Les premières plantes comme les *Calanthe, Lycaste* ou les hybrides de *Dendrobium nobile* perdent maintenant leurs feuilles.

Le coin des infos

Où acheter des orchidées ?

On trouve aujourd'hui dans les jardineries un vaste choix d'orchidées qui s'enrichit d'année en année. Si besoin, vous pourrez trouver chez des producteurs spécialisés un choix encore plus étendu.

Adresses Internet

- **www.sfo-asso.com**
Société Française d'Orchidophilie (SFO)

- **www.gmpao.org**
Groupement Midi-Pyrénées des Amateurs d'Orchidées (GMPAO)

- **www.orchideen.ch/SOG/Franzoesisch/Home.htm**
Société Suisse d'Orchidophilie et associations régionales

- **http://rao.free.fr/**
Association Rhône-Alpes Orchidées (RAO)

L'auteur

- **Lutz Röllke, est producteur et passionné d'orchidées.**
Il possède en Allemagne une jardinerie très réputée uniquement consacrée aux orchidées (Orchideen-Gärtnerei in Holte-Stukenbrock). Il y cultive un grand nombre d'espèces différentes, crée de nouvelles variétés et prodigue ses conseils avisés à ses clients. Il participe activement aux travaux de la Société allemande d'orchidophilie (Deutsche Orchideen-Gesellschaft), et y publie régulièrement des articles.

L'édition originale de ce livre a été publiée en allemand sous le titre : « Orchideen », par Lutz Röllke

24, rue de Mogador
75009 Paris
Tél. 01 48 05 03 03
Fax 01 48 05 02 04
www.editions-ulmer.fr

Traduction : Stephan Cuzenic
Réalisation : Laurent Melin
Impression et reliure : Alcione, Trento
Printed in Italy

ISBN : 978-2-84138-941-4
N° d'édition : 941-02

Crédits photographiques

Couverture : Shutterstock (recto), H. Reinhard (verso droite), W. Redeleit (verso gauche).

PicturePress/Willig : p. 47
W. Redeleit : p. 19, 27 g., 35, 44, 64 h.
H. Reinhard : p. 2, 3, 4, 8, 15, 16, 17 h., 17 b.g., 17 h.d., 22, 23 g., 24, 27 m., 28, 29 g., 29 m., 36, 40, 41, 53, 64 b.
N. Reinhard : p. 33 h.
L. Röllke : p. 5, 6, 7, 11, 13, 18, 22 m., 22 d., 25, 26, 27 d., 29 d., 31 g., 31 m., 31 d., 32 b., 32 h., 33 b., 34, 37, 38, 39, 43, 48 h., 48 m., 48 b., 49 h., 49 m., 49 b., 51, 54, 55 g., 55 d., 56, 57 g., 57 m., 57 g., 57 m., 57 d., 58.
B. Schaefer : p. 55 m.
F. Straub : p. 20, 21, 30.

Les dessins des pages 9 et 50 sont de H. Flubacher.

Les orchidées Parfumées

Les Cattleya peuvent aussi envoûter par leurs parfums.

Les orchidées enchantent avec leurs fleurs, mais peuvent aussi envoûter grâce à leurs parfums. Les orchidées parfumées les plus connues sont les *Cattleya*. Avec la découverte de *Cattleya labiata*, la passion commença pour les orchidées tropicales en 1818, ces plantes qu'on convoitera pour leur beauté. La légende raconte que William Cattley reçu une livraison de fougères, de palmiers et de mousses d'une expédition lointaine, où *Cattleya labiata* servait de matériel d'emballage (c'était sans doute l'inverse !). Il n'en reste pas moins que ce genre fut le déclencheur de l'orchidée comme « statut social ». Un *Cattleya* parfumé était considéré comme le comble du chic chez les aristocrates anglais.

Les orchidées ne sentent pas toujours. Certains genres ne sentent qu'à certaines heures du jour ou de la nuit. D'autres ne sentent que les jours humides ensoleillés. Les plantes attirent les insectes pour être fécondées : comme certains insectes ne volent qu'à certaines heures du jour ou la nuit, les orchidées ne sentent qu'à ces moments-là.

Le genre *Angreacum*, essentiellement originaire de Madagascar, est principalement parfumé au clair de lune. Les fleurs claires reflètent les rayons et dégagent un fort parfum citronné, pour attirer un certain papillon de nuit comme pollinisateur potentiel.

Les Angreacum sentent souvent le citron.